JN037349

ふだんのふるまい帖

ふつうに生きているだけで、一目置かれるひとになる

daily behavior book

Become a person who is admired just by living an ordinary life.

マナー講師
末永貴美子
Kimiko Suenaga

KADOKAWA

Prologue

見掛け倒しはすぐバレる だから、普段のふるまいから美しく

特別美人というわけでも、モデルのようなスタイルというわけでもないのに、なぜか目を奪われる人に出会ったことはありませんか？

「私とあの人、何が違うんだろう?」
「あんなふうに、オーラのある人になってみたい」

そう思って話し方や仕草を真似してみても、同じようなオーラは出ないでしょう。

なぜなら、オーラがある人は常に美しいふるまいを意識し、それを積み重ねることで余裕や自信を手に入れているから。

パッとその場限りの即興で取り繕ったところで、見掛け倒しであることはすぐ

にバレてしまいます。

「格式の高いところに行ったときだけ」「目上の人と会うときだけ」、ちゃんとすればいいよね。そんな風に思っている人は、結局、いざというときにも大したふるまいはできないというもの。

日ごろから自分のふるまいに心を配り、自分を満たし、周りにも幸せを循環させる人だけが「本物」と呼ばれるのです。

普段から美しいふるまいを、というと、面倒な気がするかもしれませんが、そんなに気負う必要はありません。

カジュアルなカフェでもコップを持つときは指は揃え、一人ランチのときでも姿勢よく食べましょう。

スタートは、そんな簡単なことでいいのです。

むしろ、そんな簡単なことに気をつけるだけで抜群にふるまいが美しくなるのですから、取り入れない手はありません。

「普通に生きているだけで一目置かれるオーラのある人」になるために、普段のふるまいを見直してみてください。

はじめに

はじめまして。マナー講師の末永貴美子と申します。

厳選された一流店で、五感を磨きながら学ぶテーブルマナーレッスンを中心に、洗練された大人の品格を磨くためのマナー講座を主催しています。

祖父は一代で会社を築き上げ、晩年は褒章を受章した経営者、祖母は茶道裏千家の師範という家に生まれ、８００坪の日本庭園のある家で育ちました。幼少期から上質なモノ、空間、サービスに触れてきた経験は私の血肉となり、今の仕事にも活かされています。

一方で、大人になってから体系的にマナーを学ぶことで、品格というのは「生まれが違うから」「そういうタイプじゃないから」と片づけてしまうものではなく、いつからでも自分の意志で再現性をもって身につけられるのだということもわかってきました。

ただし、それはマナーを丸暗記すればいい、というような単純なものではありません。

私が本格的にマナーの世界に入ったのも、外見だけではなく内面から溢れる知性や美しさを手に入れたいと思ったことがきっかけ。

どんなに収入が高くても、地位が高くても、なんだか憧れられない女性がいる一方で、ご挨拶を交わしただけで「この方は絶対にただ者ではない」と思わせるようなオーラをお持ちの方もいらっしゃいますよね。この違いは何だろう？　そんな疑問が私の活動の原点になっています。


マナーレッスンを通して多くの講座生に向きあい、日々勉強を重ねる中で、今はっきり断言できることがあります。

それは、品格とは【マナーの知識】×【心の在り方】の両方が必要であり、それぞれを磨かなければ叶わないということ。

・とても尊敬できる人間性をお持ちだけれど、食べ方が汚い
・マナーの知識は完璧でも、それを鼻にかけて人を批判する

たとえば、こんな方に対しては品格を感じないはず。知識も、心の在り方も、どちらも欠かすことはできません。

特に、在り方の中でも私がとても大切に考えているのは、まずは自分を大切に扱うということ。マナーとは相手への思いやり、とよく言われますが、それは自分を犠牲にしたり我慢したりして相手を立てる、ということではありません。

マナー講座に来てくださる講座生は努力家で誠実な方ばかりで、学歴や年収、社会的地位も高い方が多いのですが、「がんばる＝耐える」「自分の感情を無視して仕事をこなす」という癖が身についてしまっている方をたくさんお見受けします。

まずは自分を大切に扱い、自分の本音をきちんと聞いてあげて、あなたが満たされていることが大切です。シャンパンタワーの法則などとも言われますが、本来のマナーは、自分をひたひたに満たし、溢れ出た愛を相手にも循環させていくこと。力を緩めて自分を大切に扱うことは、周りへの貢献でもあるのです。

それを踏まえたうえで、人から見えるところと見えないところ、どちらも整えていきましょう。この本では、人から見えるところを「所作と言葉遣い」と「食べ方」、人から見えないところを「備える」と「受け取る」としてお伝えしていきます。

まず、「所作と言葉遣い」。美しく洗練された所作や言葉遣いには、そう見える「理由」がちゃんとあるのです。論理を知って実行するだけであなたの印象は大きく変わるはずです。ぜひ理想の自分を作り上げていきましょう。

「食べ方」は、なんとなく知っているけれど自信がないという方が多いです。なぜそのようなマナーができたのか、背景を知ると覚えやすいと思いますので、わかりやすくお伝えしていきますね。

「備える」は、いつでも美しくふるまえるように常に準備をしておくということです。その場での取り繕いではどうにもならないことも多いもの。どんなときにどんな準備が必要なのかを知っていきましょう。

「受け取る」は、お店のサービスや周りの方の想いをきちんと受け取るということ。意外かもしれませんが、きちんと受け取れない方は、本当の意味で周りに貢献することができません。

もう一つ、みなさんにお伝えしたいことがあります。それは、マナーをもっと戦略的に、そして主体的に使っていただきたいということ。

マナー＝ルールだと思っている方は「これはダメかな？」「こうしておけば批判されないかな」と、他人が決めた正解に縛られているような感覚になるでしょう。そうではなく、マナーは自分のふるまいの選択肢を広げ、自分の印象を自由にコントロールできる最強の知識なのです。

食べ方一つにしても、美しく食べられるようになると、外食が楽しくなる。ちょっといいお店にも行ってみようかなと新しい世界に飛び込める。物怖じせずに会食やデートに臨むことができる。信頼できる人だと相手に思ってもらえる。マナーを知れば知るほど選択肢が広がり、自分にとってお得なことが増えます。ゲーム感覚で楽しんでいただきたいのです。

マナー講座の講座生も、最初は「恥をかきたくない」という気持ちで学びに来られる方が多いのですが、レッスンが終わるころには「自分の人生は自分で決められるんだ」という自信がついていきます。
その結果、収入が大きく上がったり、転職が成功したり、憧れだった東京に引っ越したり、とても大切にしてくれる彼ができたり、旦那様に本音が伝えられるようになって関係が改善したり……と人生レベルの変化を遂げる方がたくさんいらっしゃるのです。

ぜひ、軽やかな気持ちでマナーを知り、実践して、ご自分の人生を自由にクリエイトしていきましょう。この本を手に取ってくださった方にそれを体感していただけたら、これほど嬉しいことはありません。

末永貴美子

【目次】

Prologue

2 見掛け倒しはすぐバレる
だから、普段のふるまいから美しく
6 はじめに

1章 所作と言葉遣い

18 世界共通の美意識
「姿勢」をあなどるなかれ
実践LESSON
24 指先の動きに注意する
27 物は両手で扱う
28 品のよい名刺交換の仕方
29 膝を常に揃えると美しく見える
32 一つ一つ動作を分ける
37 大きな音を立てない
41 コートの着脱はスマートに
42 カバンの持ち方も上品に
43 言葉の選び方に人間性が表れる
46 口元を手で隠さない
47 話を聞くときは体ごと相手のほうを向く

2章 美しい食べ方

50 誰にも見られていない
一人のときでもキレイに食べる

実践LESSON
56 テーブルとの距離はこぶし1個分
57 自分の食べる姿を撮影する
58 すする、すすらないを意識して使い分ける
60 かじるのは最終手段

和食のマナー

61 お箸の正しい持ち方
61 お箸を取るときは「三手の法則」で
62 三手の法則には箸置きがマスト
65 自分の手に合ったお箸を使う
66 割り箸は縦に割らない
67 してはいけないお箸の使い方
68 器は基本的に持ち上げる
69 懐紙の上手な使い方
70 ごはんは汚さないで食べる
72 和食のお店の入店マナー
73 配膳のルールを知っておく
74 和室での美しいふるまい
75 会席料理のメニューを知っておく
76 鮨店のマナーと注文の仕方
78 お鮨を美味しく、美しくいただく食べ方

西洋料理のマナー

80 入店と着席のマナー
81 テーブルセッティングの基本
82 ワインのいただき方
83 グラスの扱い方

パンの食べ方 87
ナイフとフォークの扱い方 87
スープは食べるもの 88
ナプキンのスマートな扱い方 89
魚料理（ポワソン）の食べ方 92
肉料理（ヴィアンド）の食べ方 93
パスタの食べ方 94
立食パーティーのマナー 95
ブッフェのマナー 96
アフタヌーンティーのマナー 97

中国料理のマナー 100
入店と着席のマナー 101
回転テーブルのマナー 102
料理の取り分け方 102
中国料理のカトラリー 103
中国のお酒の飲み方 104
中国茶の飲み方 105

カジュアルな食事のマナー 106
ライスをフォークで食べるとき 106
ハンバーガーの食べ方 107
麺料理の食べ方 108
焼き鳥の食べ方 110
天ぷらの食べ方 110
サラダは戦略が命 112
ケーキの食べ方 113

3章 備える

家を出る前からマナーは始まっている 116

実践LESSON

予約をあなどらない 122
事前にお店の情報を調べておく 123
名刺をもらったら名前は覚えておく 125
服装はワンランク上のものをチョイス 126
格式の高いお店にそぐわない装い 127
洋服はアイロンをかけておく 129
靴のメンテナンスも忘れずに 129
スマホの画面もメンテナンスを 130
香りやアクセサリーに配慮する 131
立食パーティーの前に軽く食事を済ませる 132
入店前に口紅は押さえておく 132
懐紙をいつも持ち歩く 134
個人宅を訪問するときのマナー 136
お客様を迎えるときのマナー 141
いつも新札や金封を準備しておく 142
はがきや便箋を準備しておくと便利 143

4章 受け取る

お相手からの気持ちを素直に受け取る意識をもとう 148

実践LESSON

お店の方とのコミュニケーションを恐れない 152
サービスを美しく受け取る 154
褒められたら気持ちよく受け取る 155

157 「褒め褒めワーク」をやってみよう
160 西洋ではレディファーストは教養

5章 マナーの本質

166 マナーに正解・不正解はない
168 マナー＝上下関係ではない
170 人のマナーを指摘しない
172 世界で一番大切なのは自分の感情
174 一流のものや芸術品に触れる
176 季節の行事を大事にする
178 どんなときも物事をプラスに捉える
180 自分のことを貶めない
182 一歩先を考える
184 お礼は三度伝える
186 人が見ていないところこそ大切に
188 謝るべきときは言い訳せず謝る
189 磨けば磨くほど磨き残しが見えてくる
190 おわりに

Column
48 1 子どもへのマナーの伝え方
162 2 女性の美しさを引き立ててくれる“着物”

STAFF
ブックデザイン　菊池祐、今住真由美（LILAC）
カバー、巻頭イラスト　松野梨奈
校正　麦秋アートセンター
DTP　浦谷康晴
編集協力　川村彩佳
編集　竹内詩織（KADOKAWA）

1章

所作と言葉遣い

品のある人は、溢れ出るオーラが違います。
姿勢や何気ない所作、言葉遣いなどが
そのオーラを作り出しています。
逆に言えば、難しいことをしなくても
オーラのある上品な人になれるということ。
少しだけ意識を変え、普段の所作を見直してみましょう。

これだけ
やってみて

世界共通の美意識
「姿勢」をあなどるなかれ

マナーを身につけるには、さまざまな経験をすることがとても大事です。

ただ、どんなに経験を積んでも、ハイブランドの洋服に身を包んだ絶世の美女だとしても、**立ち居ふるまいの基本ができていなければすべて台無しになってしまいます。**

マナー講座の1DAYレッスンをしていたころは、毎日のようにはじめましての方とお会いすることも少なくありませんでした。みなさん、一流店でのお食事ということできちんとした格好をしてきてくださり、とても礼儀正しくふるまってくださいます。

ただ、最初のご挨拶のときには「わあ、キレイな方だな」という印象を受けたのに、いざ食事が始まると急に残念な印象になる方が何人かいらっしゃいます。なぜだろう?と観察していると、その方たちに共通するポイントがあることがわかったのです。それが「姿勢」でした。

世間一般的には、マナーというと知識やテクニックばかりに気を取られて、姿勢については考えてもみなかったという方が多くいらっしゃいますが、私は**姿勢こそが世界共通の教養であり、立ち居ふるまいの基本**だと思っています。

言葉が通じない海外の方でも、姿勢の良し悪しはひと目で伝わります。姿勢がいいだけで、人は知性や育ちのよさ、教養、自信を感じとるものです。逆に、姿勢が悪いと人にいい印象を与えるのは難しいでしょう。

マナー講師として多くの講座生を見てきましたが、姿勢がいい人と悪い人では人に与える印象がまったく違います。ですから、私のレッスンではまず最初に「常に美しい姿勢でいることを心がけましょう」ということをお伝えしています。

マナーの第一歩は姿勢です。食事の仕方やおもてなしの仕方など細かい知識やテクニックについてはお勉強中でも、立ち姿や座り姿が美しいだけで教養のある人に見えますし、品がよく見えます。

実際に、講座生のみなさまは姿勢を意識するようになっただけで人に褒められるようになったといいます。

・電車に座っていただけで、「あなた姿勢がよくて素敵ね」と声をかけられた。
・百貨店でお買い物中、「あまりにも上品だから思わず声をかけてしまったわ」と言われ、姿勢だけで人からの見られ方がこんなに変わるんだと実感した。
・順番待ちをしていたら、店員さんに「立ち姿にうっとりしました。何のお仕事をされているんですか？」と褒めていただいた。

こんな風に、言葉でコミュニケーションをしていなくても、姿勢が美しいというだけで相手に品のよさや育ちのよさを伝えられるのです。

私自身も、お鮨屋さんで一人でお鮨を食べているマダムをお見かけしたとき、その美しい姿勢にただ者ではないオーラを感じたことがあります。

上品だな、素敵だなと思う方はみんな姿勢が美しい。

こうした経験を何度もしてきたからこそ、姿勢が一番大事だと断言できます。

美しい姿勢を身につける方法

実は、日本人は美しい姿勢をとるのが難しい骨格をしているといわれています。元々骨盤が後傾気味のため、背筋が伸びにくく、膝が曲がりやすいのだそうです。一方、骨盤が前傾の傾向にあり、背筋が伸ばしやすい欧米人は特に意識をしなくても美しい姿勢をキープしやすいのだとか。

さらに、最近はスマートフォンの使用頻度が高くなっているせいで巻き肩やストレートネックの人が増えています。かなり意識をしないと、美しい姿勢を保つのは難しいでしょう。**ただ、姿勢を意識することは今この瞬間から誰でもできることです。**まずは、今の自分の姿勢の状態を確認してみましょう。

両足のかかとを壁につけ、つま先を揃えた状態で自然に立ってみてください。そして、軽くあごを引いて真っすぐ前を見ます。

このときに、次の3点ができているかをチェックしましょう。

・後頭部、肩甲骨、お尻が壁についている
・腰と壁の間に手のひら1枚分のすき間が空いている
・両腕を下ろした状態で手のひらが体についている

この状態を無理なく1分間キープできる人は、普段から美しい姿勢がとれているはずです。肩が前に浮いてきてしまう人は猫背、腰と壁の間が開きすぎている人は反り腰、両腕を下ろした状態で手の甲が前に向いてしまう人は巻き肩の可能性がありますので要注意。

座った状態でも同じ姿勢がとれるか確認してみてくださいね。椅子には深く座りますが背もたれは使わず、足の裏が地面についていて、頭から骨盤にかけて一直線になるのが理想です。

みなさん「姿勢をよく」とお伝えすると、肩まではしっかり意識されているのですが、頭が前に出て残念な印象になってしまっている方が多いです。定規が背中から後頭部まで入っているようにイメージすると、頭だけ前に落ちたり、食べ物に近づいていったりということが防げます。立っているときも座っているときも、背中から後頭部にかけて定規が入ったような感覚を意識して過ごしてみてください。お辞儀をする、立ち上がるなど、体を前に倒すときは定規が折れないように腰から曲げます。

巻き肩やストレートネック、猫背気味の方は、デコルテに日の光を集めるイメージを持つといいですね。慣れるまでは大変かもしれませんが、ふとしたときに意識するだけでも十分。徐々に慣れてきて、美しい姿勢でいるほうが楽になってくるはずです。

自分で意識しても上手にできない場合は、整体などでプロにお任せすることも解決方法の一つです。私のレッスンでも、明らかにひどい巻き肩やストレートネックの方には、整体の先生をご紹介したりしています。

姿勢はすべての教養とマナーの基本です。何よりもまず、美しい姿勢を手に入れましょう。

✦指先の動きに注意する

ふとしたときに、相手の指先に目がいくことはありませんか?

食事をするときも、何気ない会話をしているときも、指先は常に動いているため人の目がいきやすいパーツ。最近はスマートフォンを触る機会も多いですし、女性の場合ネイルをしている人も多いのでより視線を集めやすくなります。

そんな注目を集めるパーツだからこそ、些細《ささい》な動きにも注意したいところです。指先の動きをエレガントに見せるポイントは、次の2つ。これができるだけで全体の印象が大きく変わります。

❶指先は常に揃える

指先は、常に4本の指を揃えることを意識しましょう。それだけで全体の印象が非常に洗練され、ペットボトルのお水を飲んでいるだけでも上品に見えるようになります。日常生活では常に意識したほうがいいですが、習慣になるまでには時間がかかるかもしれません。お茶碗を持ち上げるときやコップを持つときなど、毎日行う動作のときに意識すると自然と習慣になっていきます。

それ以外でも書類を持つとき、ハンドバッグに手を添えるときなど、指先が揃っているととても丁寧な印象になります。

気をつけたいのが、写真に写るとき。せっかく姿勢がよくても、手の指が開いているとだらしなく見えてしまいますので指は隙間なく閉じるようにします。

ただし、力を入れすぎてしまうと不自然で垢抜けません。隙間なく閉じつつ、力は適度に抜くと垢抜けて見えますよ。

茶碗を持つとき

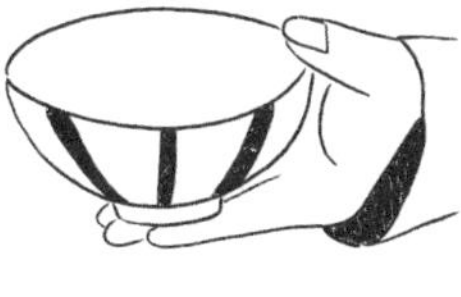

コップを持つとき

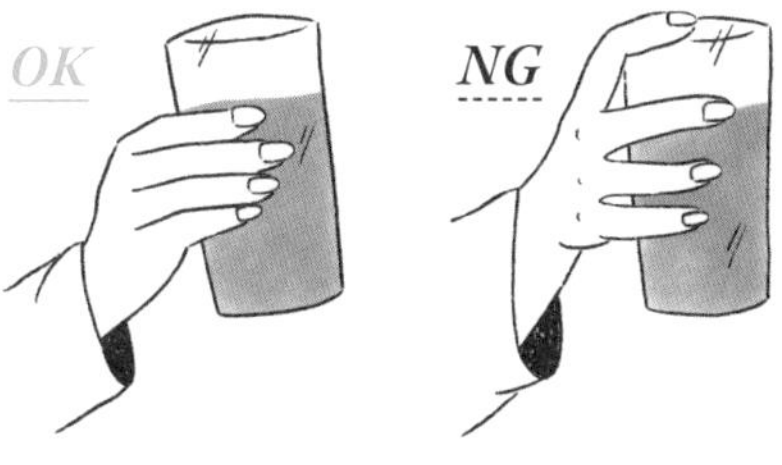

② 中指と親指を揃える

物を掴むときは、中指と親指が合うように意識すると美しく見えます。

たとえば、テーブルの上にあるスマートフォンを持ち上げるとき。勢いよくガバッと掴むのではなく、中指と親指を合わせるような意識でそっと持ち上げると、とても上品な印象を与えられます。

このテクニックは、オフィスでペン立てからペンを取るとき、お箸を持ち上げるときなどあらゆる場面で役立ちますので、ぜひ習慣にしてみてください。

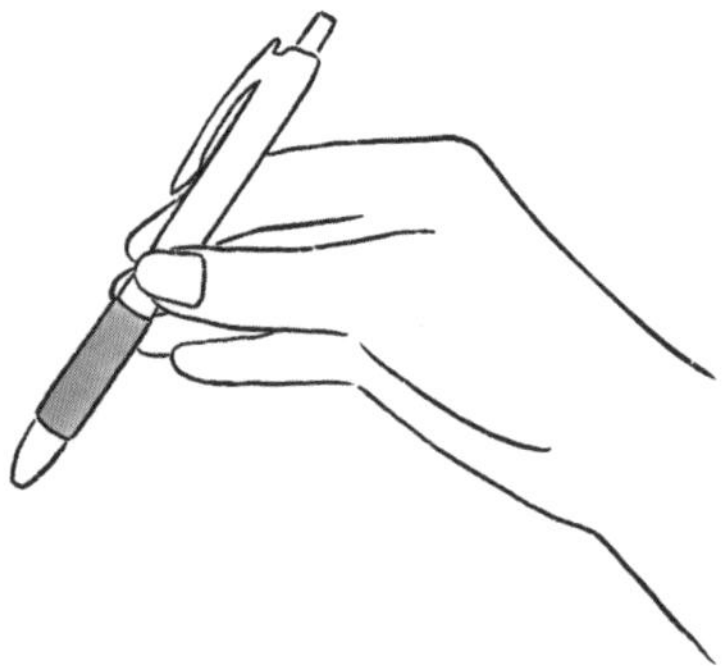

物は両手で扱う

物の扱い方には、その人の人間性が表れます。

人に物を渡すときは、片手で渡せる物でも**あえてもう片方の手を添えることで「上品な人だ」「自分はとても丁寧な扱いをしてもらっている」という特別な印象を与えることができます。**

以前、コーヒーショップの店員さんの所作の美しさに感動したことがありました。その方は私が渡したタンブラーに常に両手を添え、丁寧に取り扱ってくれていたのです。たったそれだけのことですが、今でもとても印象に残っています。

もちろん、一人のときでも常に物は両手で扱うようにしたいもの。誰も見ていないからと雑に扱うのではなく、常に大事なものを扱っている意識を持ちましょう。

毎日の食事の際にも、食器を持ち上げたり下ろしたりするときには両手で扱うのが基本です。ただし、西洋は片手の文化ですので、マグカップやティーカップは片手で持ち上げるのが正解です。

品のよい名刺交換の仕方

名刺交換は第一印象を決める大切な行為ですので、スマートに行いたいもの。「名刺はその人自身である」という認識で、お相手はもちろん自分の名刺も丁寧に扱います。基本的には片手で扱うことなく、いつも両手を添えましょう。

名刺交換の際は基本的に立ち、名刺入れを胸元あたりの高さに持って行います。先に渡すのは立場が下の人（訪問する側など）で、社名や名前を名乗りながらお渡しします。**お相手より遅れてしまった場合は「申し遅れましたが」とひと言添えられるといいですね。**受け取る側は「頂戴します」の言葉を忘れずに。

同時交換のときは右手で名刺を持ち、相手の左手にお渡しするイメージで差し出します。差し出した名刺が遠すぎるとお相手が受け取りにくいので注意が必要です。**また、自分の名刺はお相手の名刺よりも下から差し出すほうがベター。**もし目上のお相手に下から差し出された場合は、さらに下に出すとキリがなく滑稽になってしまうので、お相手と同じ高さで横からお出しするのがスマートです。

✦ 膝を常に揃えると美しく見える

姿勢や指先と同様に、全体の印象を左右する重要な場所が膝です。

膝を開くと一気にガサツでいい加減な印象になってしまいますから、要注意。疲れているときやパンツスタイルのときなどは油断してつい膝が開いてしまいがちですが、人からは意外と見られています。

普段から膝を揃えることに慣れていないと、いざというときにカパッと開いてしまい恥ずかしい思いをすることに。**かしこまった場面だけではなく、常に膝を揃えるように意識しましょう。**

特に、次の3場面で意識すると膝を揃える習慣がつき、常に品がよく見えます。

❶座っているとき

電車の中でスマートフォンに夢中になって完全に脱力した状態で座っている方がいらっしゃいますが、やはり美しくありません。

また、食事の際にだらんと膝を開いてしまっていませんか？　テーブルの下で誰にも見られていないからと油断せず、膝を軽く閉じるよう常に意識しましょう。はじめは辛いかもしれませんが、慣れると筋力がついて自然と膝が閉じられるようになってくるはず。日々の積み重ねが大切です。

② 靴を脱ぐとき

訪問先の玄関先など靴を脱ぐ際にも、できるだけ膝と膝との距離を離さない動き方をしましょう。

たとえば、ファスナーが内側についているブーツや、紐を外す必要があるサンダルを脱ぐときに左右に足を広げたり、ガニ股になったりするのは格好悪いですね。靴の裏が見えてしまうのもあまり気持ちのいいものではありません。

そのような場合には、膝と膝が離れないように足を前後に開くといいでしょう。どうしても足を上げる必要がある場合は、足首を内側ではなく外側に上げるほうが美しく見えます。

③ 車の乗り降りをするとき

車の乗り降りの際にも膝は開きません。タクシーに乗る際、一歩ずつ乗り込む方が多いのですが、それでは足を大きく広げて乗り込む形になってしまいます。

車に乗るときは、**まずお尻を座席に浅く掛けます。そのあと、膝をくっつけたまま両足を持ち上げて車中に入れます。**腹筋が必要ですが、車の取っ手などを掴んでうまく利用すれば、楽に引き入れることができます。

車から降りる際も同じで、まず両足を揃えて地面に足を着いてから立ち上がります。その際、足を少し前後に開いておくとバランスが取りやすいです。足を一本ずつニョキッと車から出すのに比べて、大変エレガントです。

この降り方を意識するようになった講座生のお一人は、「あなたがタクシーから降りているときそこだけ空気が違いますね」と褒められるようになったそうです。

一つ一つ動作を分ける

立ち姿は美しく見えるけれど、動くとなんだか残念という方がいらっしゃいます。その原因は、いろいろな動作を同時進行で行っているからかもしれません。**人は、動作を一つ一つきちんと分けると洗練されて見えます。**「ながら」作業ではなく、動作を一つずつきちんと区切ることが大切。いくつか例を挙げるので具体的に見ていきましょう。

❶ 物を拾うとき

みなさんは、下に落ちた物を拾うとき、どうされていますか？　歩きながら、お尻を突き出したまま手を伸ばして拾っていないでしょうか。これももちろん間違いではありません。ただ、

・まず膝に手を添えてきちんとしゃがむ
・手を伸ばす

・物を摑んで自分に引き寄せる
・立ち上がる
このように動作をきちんと分けることで、驚くほど美しい所作になります。

レッスンでも実践してみるのですが、頭ではわかっていても実際にできない方が多くいらっしゃいます。特に、しゃがむと同時に手を伸ばしてしまう方が圧倒的に多いのです。手を膝の上に置いたまましゃがむことだけに集中する。そんな簡単なことすら、いざやろうとするとできないんですよね。それくらい、動作を分けるというのは難しいものなのです。

「そんなことをしていたら時間がかかるのでは？」と思うかもしれませんが、一つ一つの動作は区切りつつ、流れるようにつなげていけば特に時間はかかりません。

慌てず我慢して、一度にするのは一つの動作だけ。忙しい現代人だからこそ、きちんとできれば人をハッとさせられます。

❷ 座るとき、立ち上がるとき

レストランなどで着席するときや立ち上がるときも、ながら作業をしがちです。

座りながら荷物を置いたり、立ちながら椅子を戻したりする方が多いのですが、

・まず椅子に座ってから荷物を丁寧に置く
・立ち上がってから椅子を両手で戻す

など、ほんの少し動作を分けるだけで印象が変わってきます。

所作が美しい人や上品な人というと、大きく何かが違うと思いますよね。ところが、実はこうした「ほんの小さな積み重ね」の違いなのです。**人にわかるかわからないかくらいの小さな違いが、その人を形作り、オーラとなっていきます。**

③挨拶をするとき

挨拶には同時礼と分離礼があり、分離礼のほうがより丁寧だと言われています。たとえば、「よろしくお願いします」と言いながら頭を下げるのが同時礼。目を見て「よろしくお願いします」と伝えてから礼をするのが分離礼です。

分離礼は、慣れないとなかなかできません。よろしくお願いしますと言いながらふらふらふらしてしまう人がほとんどです。だからこそ、**きちんと止まってご挨拶の言葉を伝えたあとに礼ができると、人と違う印象を与えることができるのです。**

④ 3種類のお辞儀を知っておく

ちなみに、お辞儀には3種類あり、お相手や場面によって使い分けが必要です。

（1）会釈…同僚や顔見知りの方とすれ違ったとき、遠くにいる方と目が合ったときにする軽めのお辞儀

（2）敬礼…上司やお客様、目上の方などにする一般的なお辞儀

（3）最敬礼…最も丁寧なお辞儀。お詫びや深い感謝などを表す

共通しているのは、上体を倒すときは素早く、上げるときはゆっくりということ。頭を上げるときに目を合わせると丁寧な印象になります。手の位置が上がってしまう人が多いので、自然に下ろすことを意識してください。

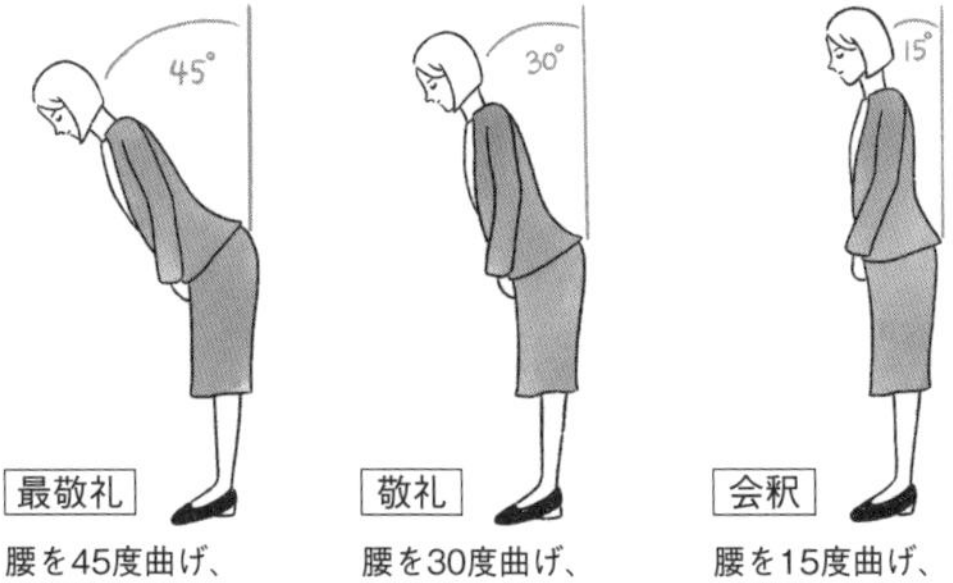

最敬礼　腰を45度曲げ、目線は1m先

敬礼　腰を30度曲げ、目線は2m先

会釈　腰を15度曲げ、目線は3m先

5 玄関先での動き

訪問先の玄関で、クルッと回って部屋側にお尻を向け、靴を脱ぎながら上がる方が多いのですが、これはNG。ここでも、とにかく「細かく分ける」ことが丁寧に見えるポイントです。順序としては、**靴を脱いで上がる↓振り返る↓膝を揃えてしゃがむ↓靴の向きを変える↓下座に靴をよける↓立ち上がる。**

これを一つずつきちんと分けて行います。物を拾うときと同じで、振り向きながら靴に手を伸ばす、靴の方向を変えながら横によけるなど、つい二つ以上の動きを同時にしてしまいがち。これをちょっと我慢して動作を区切ってください。

玄関先でのマナーというのは、食事のマナー以上に「他人から教えてもらえる」機会の少ないところ。だからこそ、玄関先での所作が正しく、洗練されていると「この方はきちんとしたご家庭で育ったのだろう」「教養がある人だな」という印象を与えられます。まずは、毎日のお家での靴の脱ぎ方から、一つずつでいいので意識してみると自分も気持ちよく過ごせますよ。

大きな音を立てない

わざとではないと思いますが、動くたびにやたらと大きな音を立てる人がいます。ドアをバタンッと閉めたり、椅子をガーッと引きずったり、周囲が驚いてしまうほどの音を立てている人もよく見かけます。そんな人に対して、「上品だな」と感じるのは難しいでしょう。

大きな音を立ててしまうのは、普段から自分のふるまいに気を遣っていない証拠。小さな動きに気をつけていない証拠なのです。 もしかしたら、無意識に立てている音が周囲にストレスを与えてしまっているかもしれません。

職場やお店ではもちろん、一人でいるときも必要以上に大きな音を立てていないか意識してみてください。

ただ、普段は気をつけていても急いでいるときや疲れているとき、焦っているときなど気持ちに余裕がないときは、つい大きな音を立ててしまいがち。特に、次のような場面では音に気をつけましょう。

❶ドアの開け閉め

会社や訪問先のお家などでドアを閉める際には両手を添え、閉じきるまで力を抜かずに扱います。できるだけ音を立てないことで丁寧な印象を与えます。外出先のお化粧室などでも、その方の本性が見えてしまうもの。せっかく美しく着飾っていても、お手洗いのドアを「バタン！」と閉めてしまうと台無しですので気をつけましょう。

また、ドアの開け閉めの際に相手にお尻を向けてしまう人が多いのですが、できるだけお尻を向けないように体を斜めにするといいですね。お尻を向けないほうがいいとはいえ、後ろ手で閉めるのはＮＧです。

❷物を置くとき

物を置くときも、できるだけ音を立てないようにしましょう。**物からコツンと置くのではなく、小指を先に机に当ててクッションのように使うと**、物を傷つけることなく所作も美しく見えます。カフェでコップを置くときなどに練習してみてください。

また、パッと手を離すのではなく、少し余韻のある離し方をすると美しく見えます。要するに、物を置くときに「すでに次のことを考えている」という状態はとても慌ただしい印象を与えますが、最後まで丁寧に物を扱うと余裕を感じさせるということ。大きな音を立てないのはもちろん、置き方も意識してみてください。

③ 歩き方

スリッパをパタパタ鳴らしながら歩いたり、パンプスやミュールをカンカン響かせながら歩くのは考えもの。どんなにおしゃれでキレイな人でも、「品のない歩き方だな」とがっかりしてしまいます。モデルさんのように美しく歩きましょうとは言いませんが、できるだけ大きな音を立てないように意識しましょう。

④ 声の大きさ

声の大きさが場になじんでいないのも、品があるとは言えません。 しっとりとした雰囲気のお店で大きな声で話したり、盛り上がってキャーキャーはしゃぐのはやめましょう。

最近は、カフェやシェアオフィスなど、周囲に人がいる場所でオンラインミーティングをする方も増えていますが、大きな声で話して迷惑なうえに仕事の内容も筒抜けなんてことも。特に、イヤホンをしていると自分の声の大きさに鈍感になってしまうので余計に注意が必要です。シェアオフィスは仕事をする場所とはいえ、やはりその場その場に合った声の大きさやトーンを考え、周囲に配慮することは大切です。

⑤パソコンのキーボード

仕事に集中していたり、急いでいたりするとやってしまいがちですが、パソコンのキーボードを強く叩く音もまわりにとっては雑音です。必要以上に大きな音を出していないか、少し客観的に見てみましょう。

◆コートの着脱はスマートに

コートを着脱するときは、昭和の刑事のようにバサバサと勢いよく羽織らないこと。風を起こさないよう、できるだけ小さな動きで着脱しましょう。

コートの着脱のポイントになるのは「両肩」です。 着るときは、後ろ手にして先に両肩にコートを乗せます。それから腕を片方ずつ通すと、バサバサ音を立てることもありません。脱ぐときも、先に両肩を外します。それから片袖を持って引き抜くととてもスマートです。

ちなみに、日本ではお店や室内、社内に入るときは裏表にするのがマナーです。これは、外のホコリを中に持ち込まないこと、コートの表が汚れるのを防ぐためと言われています。

カバンの持ち方も上品に

カバン自体はハイブランドの素敵なハンドバッグでも、持ち方次第では野暮ったく見えてしまうので要注意。

野暮ったく見えるのは、腕にかけるとき肘から下が体のラインよりも外に出てしまう持ち方。荷物が多いときなど持ちやすいのでついやってしまいがちですが、この持ち方だとどうしても垢抜けません。

肘から下が体のラインよりも内側にくるように持つと上品に見えますよ。

✦言葉の選び方に人間性が表れる

❶敬語を正しく使い分ける

敬語をきちんと使いましょう、などと言われると「学校じゃあるまいし」と思う方もいらっしゃるかもしれませんが、実際に敬語のボキャブラリーが少なかったり、正しく使えていない方とお話をしていると違和感を覚えます。

特に、仕事を依頼する相手がそんな感じだと、「この方にお任せして大丈夫かしら?」と不安になることも。**やはり、基本的な敬語は大人としての品格につながりますので、よく使う敬語は押さえておくといいでしょう。**考えなくても口から自然と出るように、あやふやなものは読み上げて覚えるのも大切です。

［基本形↓尊敬語／謙譲語］

言う↓おっしゃる／申す・申し上げる

知る↓ご存じ／存じる・存じ上げる（人に使う）
読む↓お読みになる／拝読する
見る↓ご覧になる／拝見する
食べる↓召し上がる／いただく

❷大和言葉のボキャブラリーを増やす

また、言葉遣いが美しいと感じる方は、大和言葉のボキャブラリーが多く、効果的に使っていらっしゃいます。

日本語は、漢語、外来語、大和言葉の3つに大きく分けられますが、日本で古くから使われてきたのが大和言葉です。**この大和言葉が使えると、品のよい優しい言葉遣いができるようになり、普段の会話でも一目置かれるようになるでしょう。**

遠慮なく↓心置きなく
詳細に↓つぶさに

帰る↓お暇する
協力↓お力添え
想定外↓思いのほか

人とコミュニケーションをとるうえで言葉選びはとても重要です。敬語が正しく使える、丁寧な言葉遣いが自然とできる方には品性を感じます。

とはいえ、言葉の選び方については私もまだまだ勉強中です。以前、マナーの師匠と仕事の話をしているときに、私が「集客」という言葉を使ったことがありました。そのとき、「客を集めるなんて、そんな下品な言葉を使ってはいけません」とたしなめられたのです。

師匠は、「お客様にご提供する」「お客様に来ていただく」という言葉を使うとのこと。**お客様に対する言葉遣いは必ずお客様に伝わるから、裏表なくいつも丁寧な言葉遣いをしなさいと言われ、ハッとしました。**日頃から使う言葉が心の持ちようも変えるのだなと、印象に残っているエピソードです。

◆口元を手で隠さない

笑うときに口元を隠すことを上品だと思っていませんか？

日本人は、口元を手で隠す癖がある方が多いですが、海外ではこの仕草をする方はほとんどいません。自信がないように見えてしまうからです。また、歯並びに自信がないからと歯を見せないように笑う方もいますが、これも逆効果。口元は隠さず、前歯も見せて笑ったほうが好印象です。

私もこのことは気をつけているつもりだったのですが、以前、撮影していただいた講座風景の写真を見てがく然としたことがあります。想像していたよりずっと、私も講座生のみなさまも笑うときに手で口元を隠していたのです。

それからはより意識して、無駄に口元に手がいかないようにしています。長年の習慣はすぐに直るものではありませんが、毎日少しずつの意識と積み重ねで必ず改善していきます。

隠すといえば、前髪でおでこや目元を隠してしまうのもあまりいい印象ではありません。眉のメイクやフェイスラインに自信がない人も重めのヘアスタイルで顔を隠しがちですが、表情が見えづらく、隠し事があるような印象を持たれてしまうことも。思い切って顔を出したほうが、表情がよく見えてオープンなオーラが感じられます。

✦話を聞くときは体ごと相手のほうを向く

お相手の顔を見ながら話を聞くことは基本です。目を合わせてくれない方より、目を合わせてくれる方のほうがいい印象を持ちますよね。

さらに、体ごとこちらを向いて話を聞いてくださる方からは余裕を感じます。 相手のことを受け止める姿勢がある、信頼できる方だなと思います。

上品な方は、体ごと相手のほうを向き、いつも微笑んでいます。これは、私もいつも意識していることです。

Column 1

子どもへのマナーの伝え方

「子どもの食事のしつけはどのようにすればいいですか?」という質問やご相談をよくいただきます。私は、子どもにガミガミ言う前に、美しく食べられる環境を親が整えることが重要だと考えています。まず一番大切なのは姿勢。椅子の高さが合っていて、両足がきちんとつくような椅子を準備してあげましょう。椅子も合っていないのに「綺麗な姿勢で食べなさい」はなかなか難しいものです。

次にお箸使い。箸の長さは定期的にチェックし、その子に合ったサイズを準備しておくことが大切です。箸置きを使うことも家庭の中で習慣化していきましょう。箸置きは、美しい箸使いのためには外せないアイテムです。

また、「そんな食べ方したら怒られるよ」「それは汚くてだめね」と叱るより、「綺麗に食べるとこんなにいいことがあるよ」「わあ、プリンセスみたい!」という声がけをしたほうが、子どもも前向きに取り組んでくれます。マナー通りに食べると楽しい! という気持ちを育んであげてください。

2章

美しい食べ方

食事のマナーを気にする方は多いですよね。
食べ方には、その人の本質が表れます。
どんな料理が出ても美しくいただけるか、
お店の方とコミュニケーションが楽しめるか、
周囲を不快にする作法はしていないか。
食べ方であなたの印象は大きく変わります。

これだけ
やってみて

誰にも見られていない一人のときでもキレイに食べる

私のレッスンは、「厳選された一流店で、五感を磨きながら学ぶ」をコンセプトとしています。

講座生のみなさまも、食事の席で恥をかかないように正しいテーブルマナーを身につけたいとレッスンに来てくださいます。大人になると取引先との会食や結婚式、パートナーのご家族とのお顔合わせなど、かしこまったシーンで食事をする機会が増えます。そのようなシーンがいつあっても困らないように、マナーを知っておくことは大切ですよね。

ただ、本やインターネットで調べたテーブルマナーを「知っている」だけでは、いざというとき戸惑ってしまうことも。緊張感のあるシーンでは、付け焼き刃のテーブルマナーだと自分も楽しめませんし、ボロが出てしまうでしょう。

ですから、私のレッスンでは実践をとても大切にしています。基本的な知識は座学でも学びますが、実際に格式の高い緊張感のあるお店でお食事をいただくことで、臨機応変な対応力やお店の方とのコミュニケーション、空間との調和を身につけていただくのです。

一人で食事をするときこそ美しく

そして、格式高いお店でお食事するのと同じくらい大切に伝えているのが、日常でのお食事の作法。**テーブルマナーを自分のものにするにはやはり日々の積み重ねです。**

特別なお店に行って、特別なものを食べるとき以外マナーは必要ないと思われがちですが、そんなことはありません。「カジュアルなお店だからマナーができていなくてもいい」と思っていては、いざ一流店で食事をするときにいつもの癖が出てしまいます。

特に、一人で食事をするときはどうしても意識が薄れがち。スマートフォンをテーブルに置いて、背中を丸めながらかきこむように「ながら食べ」しているもよく見かけます。これは所作としても美しくありませんし、自分を大切に扱っているとも言えないでしょう。

誰も見ていなくても、自分は自分を見ています。**一日一食でも、5分でもいいので丁寧な美しい所作で食べることを意識しましょう。**

たとえば、一人でカフェでランチをするときもスープはすすらない、カウンターでラーメンを食べるときも姿勢よくなど、日々意識できることはたくさんあります。オフィスのデスクでお弁当を食べるときでも、テーブルマナーのトレーニングはできるはず。

こうした日々の食事での積み重ねによって、テーブルマナーが自然と自分のものになっていくのです。

食事に集中することで気持ちが変わる

自宅でのお食事こそ、自分の所作を磨くことができる最高の時間です。ほとんどの人が自宅で食事をする機会が一番多いはず。この機会を有効活用しない手はありません。

現状はテレビやスマートフォンを見ながら食べたり、お子さんのお世話をしながら食べたりと「ながら」食べをしている方も多いのではないでしょうか。下手をすると、ちゃんと座って食べていない方もいらっしゃいます。自宅なら人の目も気にならないし、自分で作った適当なご飯だからと、ただお腹を満たすためだけの作業になってしまっていませんか？

自宅で一人で食事をする機会があるのなら、ぜひ自分の所作に集中してみてください。自宅なら、鏡を置いたり撮影したりして、自分の食べる姿を客観的に見てみるのもいいかもしれません。

そして、いつもの「なんとなく食べている」だけの時間を、「美しい所作で丁寧にお食事をいただく」時間に変えてみましょう。つまり、自分を大切に扱う時間に変えるということですね。

このようにお伝えすると、実践した講座生のみなさまから、

「一人で食事をするときも美しい所作で食べるようにしたら、毎日を豊かな気持ちで過ごせるようになった」

「毎日継続することで、自分を大切にしているという実感が持てるようになり、自分に自信が持てるようになった」

「いつも通り会社のデスクでお弁当を食べているだけなのに、食べ方だけでこんなに気持ちが違うんだって感動した」

「集中することで五感が鋭くなったように思う。ながら食べのせいで、いろいろな感覚が鈍っていたことに気づかされた」

といった声をたくさんいただくようになりました。このように、日常のちょっとした心がけの積み重ねが揺るぎない自信やオーラとなっていくのだと思います。

食べ方は、生き方を映す鏡。食事は、その人の本性が透けて見えると言われています。常に美しい食べ方を意識して食事を楽しんでいる人なのか、付け焼き刃

のマナーでやり過ごそうとしている人なのかは伝わってしまいます。

どんなお相手とどんなお店に行っても自信を持って食事が楽しめるよう、一人のときも意識しておきたいですね。

◆テーブルとの距離はこぶし1個分

テーブルとお腹の距離は、こぶし1～2個分が適切と言われています。普段座っている位置がこれよりも遠いという方は多いのではないでしょうか？

テーブルとの距離が離れすぎると食べにくく、当然ですが食べ物をこぼすリスクが増えます。そして、自然と前のめりになってしまい、大袈裟に言うと犬食いのような食べ方になってしまうのです。

いつもこぼしてしまう、何か食べにくいと感じているなら「テーブルとの距離」をまず確認してみてください。自宅ではきちんとできていても、格式の高いレストランに行くと緊張のせいか妙に遠くなってしまう人もいるので、外食のときにも確認してみてくださいね。

特に、スープが上手に飲めない方やよくこぼしてしまう方は、自分の体とテーブルとの距離が開き過ぎているのが原因であることが多いです。体をテーブルに近づけつつ、腰から体を倒して猫背にならないようにいただくと美しく安全にいただけるでしょう。

後ほど詳しくお伝えしますが、すくう量をスプーン満タンにせず八分程度にすることも、こぼさないで安心してスープをいただく大切なポイントです。

◆自分の食べる姿を撮影する

普段自分が食べている姿を見ることはなかなかありませんよね。ぜひ一度食事をしている姿を撮影してみてください。**丁寧な食べ方をしているつもりでも、動画を見ると「こんなはずじゃなかった」と驚く方も多いはず。**

姿勢の悪さやお箸使い、食べ物を迎えに行く姿など、悪い癖があってもなかなか気づかない方も、自分の食べている姿を客観視するとショックを受けて改善に取り組み始めます。

私も定期的に自分の食べる姿を撮影しています。直したと思っていた癖がいつの間にか戻っていたり、食べるものによって微妙にお箸使いが気になったりと毎回発見があります。他人はなかなか指摘してくれないからこそ、自分で自分の食べ方を美しくブラッシュアップしていきましょう。指摘だけではなく、「こんなによくなった」と自分を褒めることも忘れないでくださいね。

すする、すすらないを意識して使い分ける

日本には「すする」という独特の文化があります。香りを楽しむ蕎麦などは、ズルズルと音を立ててすするのが粋だとされていますよね。茶道でも、最後の一口はズズッと吸い込む作法があります。

ただ、海外では、食事中に不要な音を立てることは基本的にマナー違反。麺料理が多いアジア圏でもすする文化はありません。海外旅行を楽しみたい方、お子さまを将来留学させたい方などは特に気をつけたほうがいいでしょう。

日本人は無意識に、何でもすすって食べる癖がある方が本当に多く、パスタやカレー、紅茶、コーヒーなどもズズッと吸い込んでしまいがち。ちなみに、レッスンなどで「すする音はいけない」とお伝えすると、音を立てずにソローッと静かに吸い込む方がいるのですが、そういうことではなく海外では食べ物を吸い込むこと自体がＮＧなのです。

まずは、熱いコーヒーや紅茶を飲むときに、わずかでもズッと吸い込んでいないか確認してみてください。パスタやカレーなども、口に入れる瞬間にズッと吸い込む方が多いのでこちらも我慢が大事。食べるときに集中して確認してみてください。

私も蕎麦やうどんを食べるときはすすりますが、**「今すすっているな」と明確に意識しています。**無意識にいつの間にかすすっていた、ということがないように癖づけし、場面によって食べ方をコントロールできるということが大切なのです。

✦かじるのは最終手段

格式の高いお店でもカジュアルなお店でも、食べ物をかじることは最終手段だと覚えておいてください。**大きいままかじるのではなく、ひと口大にしたものを口に運ぶのが、美しい食べ方の基本です。**普段は直接かじっているようなものも、ひと口大にしてから食べたほうが上品にいただけます。パンはかぶりつかずちぎって、おまんじゅうは手元で割りましょう。

ただし、天ぷらや春巻き、アフタヌーンティーの小さなお菓子など、かじらないと食べにくいものもありますよね。やむを得ずかじる場合は、一度かじったものはできるだけお皿に戻さず食べ切ります。

どうしてもお皿に戻す場合は、歯形が丸見えにならないように配慮します。自分の歯形がついた食べ物を平気で人に見せてしまっている方が案外多いのですが、自分が思っている以上に目立ちますし、汚いものです。歯形がついている面は自分のほうに向け、なるべく早く食べ切りましょう。

和食のマナー

2013年にユネスコ無形文化遺産に登録された和食は、日本人の伝統的な文化食です。日常的にも、かしこまった場でもいただく機会が多いと思いますので、和食の基本的なマナーはぜひ覚えておきましょう。

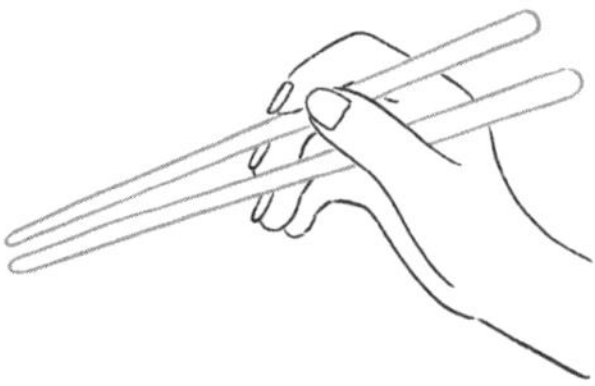

お箸の正しい持ち方

和食のマナーは、箸で始まり箸で終わる、とも言われています。実際多くの方が、箸使いを見て相手の教養、知性、家庭環境などを自然と推し量っているのではないでしょうか。

正しいと言われている箸使いは、一番美しく、楽にお箸を使える理にかなった方法でもありますので、まずは基本の箸使いを知っておきましょう。

お箸を持つ場所は、箸先から2/3程度の場所になります。まずは、上のお箸を鉛筆を持つように親指、中指、人差し指の3本で持ちます。下のお箸は、薬指の爪の付け根と親指と人差し指の間の輪っかを通るようにしましょう。中指は下のお箸には触れません。物を摑むときに動かすのは上のお箸だけで、下のお箸は動かさないのが正解です。講座生を見ていると、

・上のお箸を親指と人差し指だけで持っている方
・必要以上に力んで握りこんでしまい前から見て親指が飛び出している方
・薬指や小指が力んでピンと伸びてしまっている方

が多いと感じます。本来、お箸はそれほど力を入れずに動かすものです。指はふんわりと美しいカーブを描き、「脱力」していることも美しく上手に使えるポイントです。

✦お箸を取るときは「三手《みて》の法則」で

「三手の法則」とは、お箸を手に取るときに右手↓左手↓右手の順で扱うこと。まずお箸を上から右手で取り上げ、左手で下から受けます。そして、右手

を滑らせてお箸を正しく持ちます。

また、お椀がある場合は、先にお椀→お箸の順番で取りましょう。下ろすときには、まずはお箸を置いてから、お椀を両手で扱って置きます。つまり、本来の正しい食べ方をすれば、お箸を持ったまま左手で次々とお皿を変えて食べる、という食べ方にはならないのです。こうすることによって、お皿を両手で丁寧に扱うことができますし、いちいちお箸を置くので早食いも防げます。

こう聞くと、「面倒くさい！　だったらやらない！」が勝ってしまう方がいらっしゃるかもしれませんが、ご自分のできる範囲で大丈夫です。まずは三手の法則だけ意識してみる、指を揃えることだけ意識してみる。ちょっとだけでも、自分の食べ方をブラッシュアップしていくと楽しいものです。

そもそも、本当に無駄なものであればマナーは何百年も継承されていないはず。実際に正しいお箸使いをされている方にお会いすると、ハッとするほど美しいと感じます。

三手の法則の基本

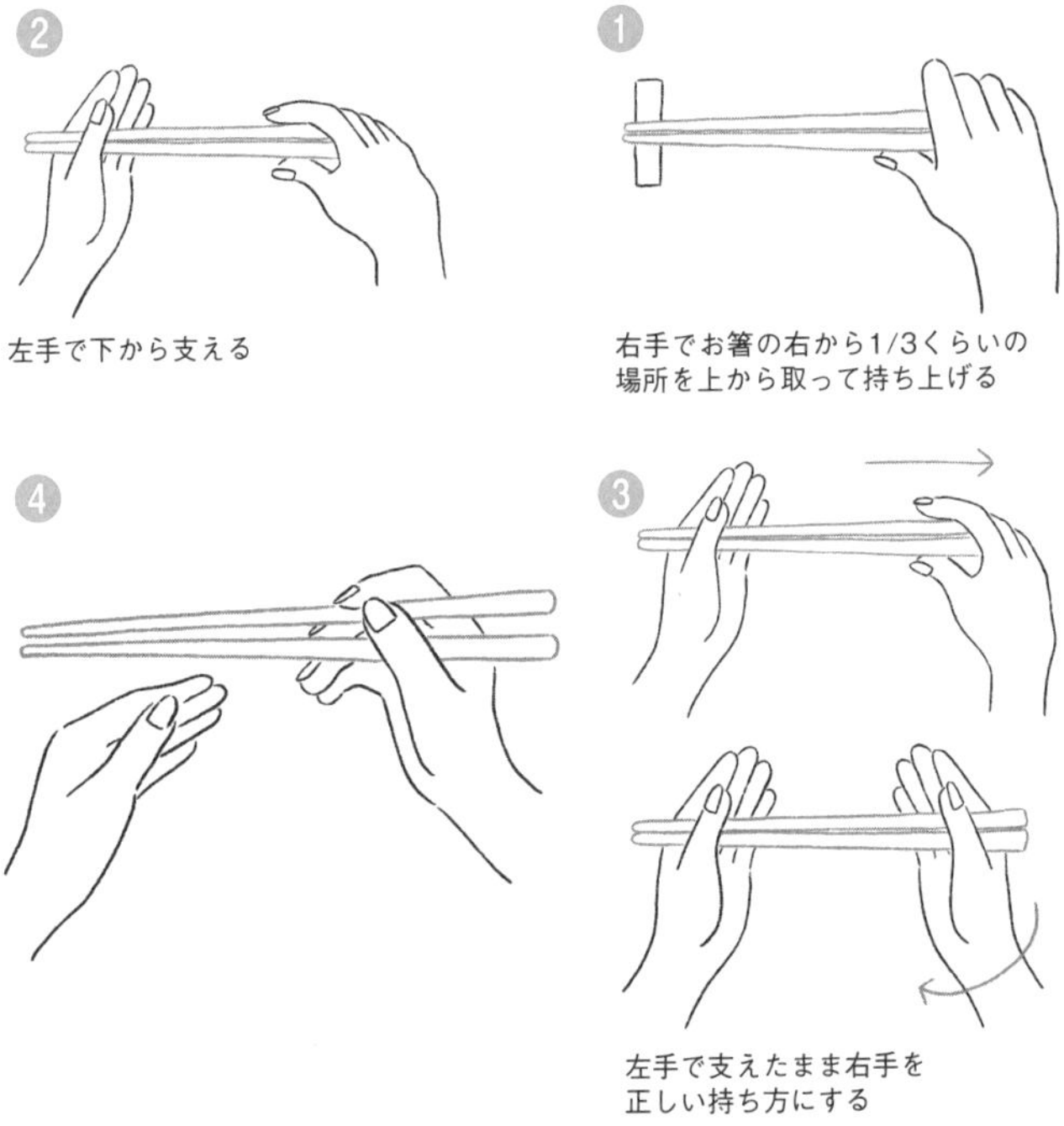

右手でお箸の右から1/3くらいの
場所を上から取って持ち上げる
左手で下から支える
左手で支えたまま右手を
正しい持ち方にする

お茶碗を持つとき

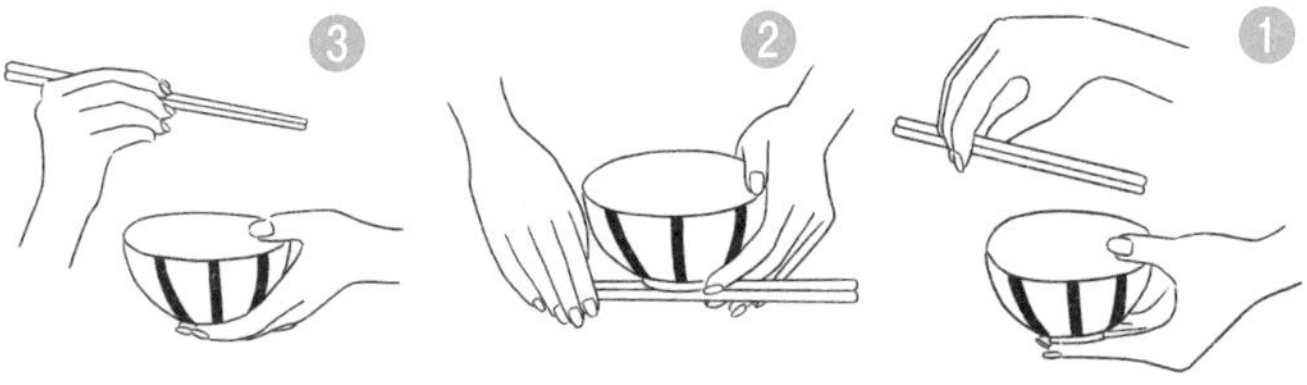

✦三手の法則には箸置きがマスト

三手の法則に必須なのが、箸置きです。箸置きがなければ、テーブルの上に直にお箸を置いたりお皿の上に渡し箸をしてしまうことになり、**「お箸をスムーズに取り上げる」「先にお椀を持ち上げてからお箸を取る」という箸使いの基本の動きが成り立たなくなってしまいます。**

ご家庭で食べるときも、箸置きは必ず準備しましょう。お気に入りの箸置きを何個か準備すれば、そのときの気分で替えることもできますし、食卓の楽しみも増えると思います。私も、子どもたちと一緒に今日はどの箸置きにしようか、と選ぶ時間が好きです。

カジュアルなお店などで箸置きがない場合は、マナーもそれなりのカジュアルさで食べていいですよ、という意味なのでそこまで箸置きを気にする必要はありません。小皿や箸袋があれば、それを利用すればいいでしょう。

格式の高いお店で箸置きがない場合は、折敷《おしき》の縁を箸置き代わりにしてお箸をかけます。

自分の手に合ったお箸を使う

どうしてもお箸がうまく持てないという人は、お箸が手に合っていないのかもしれません。親指と人差し指を直角にして、それぞれの指先を線で結んだ長さを一咫《ひとあた》といい、その1・5倍がベストなお箸の長さです。自分の手に合うお箸の長さを正しく把握していないと上手に扱うことは難しいので、確認してみてください。

特に、お子さまは成長とともに手の大きさも変化していくので、定期的に確認することが大切です。靴のサイズが変わるくらいのタイミングを目安に、測ってあげてくださいね。

✦割り箸は縦に割らない

外食で避けては通れない割り箸ですが、割り方にマナーがあるのはご存じでしょうか。割り箸を縦にして、横にバーンと割るのは実はマナー違反です。隣の人に当たって危険ということもありますし、子供っぽい印象になってしまうのでやめましょう。

割り箸は、テーブルの低い位置で、横にして上下に割ります。「扇を開くように割る」と表現する人もいます。木くずが落ちる場合があるので、料理の上では割らないほうがいいでしょう。

格式の高いお店では、お箸の真ん中に「箸留め」が巻かれていることが多く、これをどうすればいいのか疑問に思われている方も多くいらっしゃいます。箸留めはいきなりビリビリ破ったりはいたしません。二本揃えたままでは抜けない場合は、お箸一本だけを左右にずらしてみましょう。すると、箸留めとお箸の間にすきまができて箸留めを破らずに引き抜くことができます。

✦してはいけないお箸の使い方

お箸には、「忌み箸」や「嫌い箸」と言われる無作法な使い方があります。細かなものを挙げると70種類ものタブーがあると言われていますが、代表的なものだけでも覚えておきましょう。

迷い箸：お皿の上でお箸をうろうろさせること
探り箸：料理の中を探るように下から引き出して取ること
刺し箸：料理に箸を突き刺して食べること
寄せ箸：料理の入った器を箸で引き寄せること
涙箸：煮物の汁などをたらしながら口に運ぶこと
ねぶり箸：箸を舐める、または箸先を口に入れて料理を舐め取ること
渡し箸：器の上に箸を渡して置くこと
返し箸：箸をひっくり返して大皿のものなどを取ること

器は基本的に持ち上げる

和食は、持ち上げられる器はすべて持ち上げて食べる、という世界の中でも珍しい特徴的な食べ方をします。これは日本が畳文化だったことが影響していると言われています。畳に直接小さな台を置いて正座で食べていたため、食べ物と口元との距離が離れており、お皿を持ち上げて食べるようになったとのこと。自分にとって大きすぎる器や熱すぎる器は持ち上げませんが、その他の器は基本的には持ち上げましょう。

気をつけたいのが、左手を受け皿のように使う「手皿」。これを上品な所作だと思ってやっている方が多いのですが、実はマナー違反なのです。和食は食器を持ち上げて食べるのが正しい食べ方。左手が手皿として出るということは、持ち上げるべきお皿を持ち上げていない、ということになります。

もし、左手を受け皿代わりにして本当にしょうゆや食べものが左手に落ちてしまったらどうするのでしょうか。結局手が汚れてしまいます。お刺身を食べるときなどにも、しょうゆ皿ごと持ち上げて食べるのがいいでしょう。懐紙を持っている場合は、懐紙を受け皿のように使用すると便利で安心です。

懐紙の上手な使い方

茶道のイメージが強い懐紙ですが、日本料理を美しくいただくためにも便利なものです。口元や指先の汚れを拭ったり、魚の頭などを押さえたりと用途はさまざま。後ほどご紹介しますが、食事以外のシーンでも使えるので常にカバンに入れて持ち歩くことをおすすめします。

食事の場面では、懐紙は懐紙入れに入れ、テーブル席であればテーブルの目立たない場所に置いておきます。和室であれば、自分の後ろに置いておきましょう。和装なら直接胸元に忍ばせておくと便利です。ただし、西洋料理ではナプキンがあるので使いません。

懐紙を上手に使えると、「スマートなふるまいができる人なんだな」と一目置かれるはず。柄も季節を感じるものや華やかな色合いのものなど素敵なものが多いので、シーンに合わせて選ぶのも楽しいですよ。

懐紙を使えるシーン

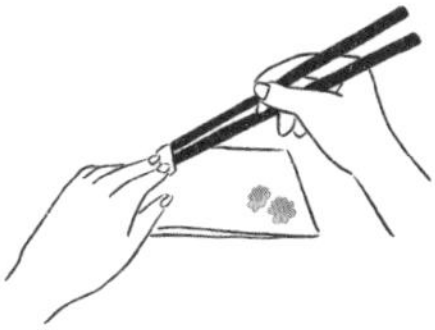

箸先の汚れを拭く

口元や指先を拭く

汁気のあるものを食べるときの受け皿にする

魚の頭などを押さえる

皿の上の魚の骨などを隠す

小骨や果物の種を出すときに口元を隠す

✦ごはんは汚さないで食べる

お米は、私たち日本人にとって最も神聖な食べ物です。神様に供えるのもお米ですよね。**格式の高いお料理になればなるほど、「お米を汚さないで食べる」ということが大切なマナーとなってきます。**

会席料理は最後にお漬物と一緒にごはんが出てきますが、お漬物をごはんにのせるのも実はNGで、別々に食べるのが正解です。ちりめん山椒のような「明らかにごはんにかけて食べるもの」の場合は、ひと口分だけかけて一緒にいただきましょう。

「ごはん茶碗を受け皿代わりにしておかずを食べる」という食べ方をされる方がいらっしゃいますが、ごはんをわざわざ汚すような行為はやめたほうがいいでしょう。細かいことですが、私たち日本人が大切にしてきたお米を改めて大切に考えさせるマナーで、私はとても好きです。もちろん、カジュアルな和食になればどんぶりものやたまごかけごはんといったジャンルがありますので、これはこれとして尊重します。要するに、場面によって食べ方をきちんと分けることが「教養」なのです。

◆和食のお店の入店マナー

西洋料理のお店ではレディファーストが基本。入店する際は女性が先に入り席次も女性が上ですが、**和食のお店の場合は反対で男性が優先になります。**男性が先に入り、席次も男性が上となります。

また、和食のお店で靴を脱ぐ場合、玄関先のマナーと同じくクルッと体を回転させて部屋の中にお尻を向けながら入室するのはＮＧ。部屋に向かって真っすぐに靴を脱ぎ、入っていきましょう。

その際に、お店の方がいらっしゃる場合は靴は自分で揃えたり下駄箱に入れる必要はありません。お店の方が揃えてくれるので、お礼だけ言ってきちんとお任せすることも品格です。

靴を脱ぐことがあらかじめわかっている場合は、着脱のしやすい靴で行くことが望ましいでしょう。部屋に上がったときに素足にならないよう、ストッキングか靴下を着用していくのも忘れずに。

◆配膳のルールを知っておく

おうちでごはんを食べる際に、配膳がいまいちわからないまま食べていたり、子どもにも正確なことを教えられずに不安、というお声をよく聞きます。

配膳のルールでみなさんがよくご存じなのは、左手前がごはん、右手前が味噌汁というものではないでしょうか。これには諸説ありますが、日本古来の考え方は「左上位」で左のほうが格が高かったため、神聖な食べ物であるごはんが左手前になったと言われています。

次に主菜や副菜の位置ですが、持ち上げられない大皿に乗った主菜は右手奥になります。右手を伸ば

してそのまま食べ物を掴めるようにですね。手で持ち上げられるような器に入れた副菜は、左奥や真ん中奥に配膳しましょう。

左利きであっても配膳は変わりません。左利きの場合は、お箸の向きだけ反対にセットするといいでしょう。

✦和室での美しいふるまい

和室には、独特のマナーがあります。まず、畳の部屋では敷居や畳のへリを踏まないように気を付けましょう。洋室と違って歩幅も小さめにし、足は高く上げずに低い位置で足を運びます。

また、ふすまの開け閉めは座って行いましょう。すでに部屋の中に人が居る場合は、立ったままふすまを開けると中にいる人を見下ろす形になるため、失礼な行為となります。

座布団についても注意が必要です。座布団は踏んだり、位置を変えたり、裏返したりはしません。座布団に座るときにはまず膝から乗り、次に両手をグーの形にして座布団の上につき、体重を乗せながらにじり上がります。

正座をすることがわかっているときは、タイトスカートや丈の短いスカート、パンツは避けたほうが無難でしょう。足の形の出ないゆったりとしたフレアスカートなどが楽に過ごせるためおすすめです。

会席料理のメニューを知っておく

結婚披露宴や旅館などでいただく機会が多い会席料理。美味しいものを楽しくいただくためにも、献立の流れや名称を知っておくといいですね。

- **先付**《さきづけ》…前菜のこと。旬の料理が彩りよく盛られます。汁気のない平皿のものは置いたまま、小鉢は器を持っていただきます。
- **椀**…お吸い物のこと。すまし汁が一般的で、お店の格がわかると言われています。
- **向付**《むこうづけ》…お造りのこと。一般的には味の淡白なものから濃いものへ食べ進めます。

美しい盛り付けを崩さないよう手前から奥へと箸をつけます。

・**焼き物**…会席料理のコースのメイン。切り身や尾頭付きの魚、海老、ほたてなどが多いです。

・**煮物（炊合）**…関東では煮しめ、関西では炊き合わせと呼ばれます。煮物は蓋つきの煮物椀で出されるのが一般的です。

・**揚げ物**…天ぷらが一般的。盛り付けを崩さないよう手前のものから天つゆをつけていただきます。

・**止め椀、ご飯、香の物**…止め椀は汁物、香の物は漬物のこと。コースの締めくくりで、これらが運ばれたらお酒を切り上げます。

・**水菓子、甘味**…献立に両方書かれている場合は水菓子は果物、甘味はお菓子を指します。

椀の開け方と焼き物の食べ方

椀の蓋《ふた》は、目上の人が取ったあとに自分の蓋を取ります。

左手を椀の縁に添え、右手で蓋をつまみ、「の」の字を描くように開けて蓋の裏

についたしずくを椀の縁に落とします。そして、裏側にして両手で扱いながら蓋を置きます。右手で開けた場合は、そのまま自然に右側に置きます。食べ終わったら蓋は元に戻します。

尾頭付きの魚は頭から尾に向かって食べていきます。上身を食べたあと、下身を食べるために魚をひっくり返してしまう方がいらっしゃいますが、これはやめましょう。表を向けたまま、頭と背骨を身から外してお皿の奥に避けます。そうすると、今から食べる下身が目の前に現れるので楽に食べることができるのです。

魚料理に添えられているはじかみ（葉生姜の甘酢漬け）は、次の料理に行く前に口の中の魚の臭みを消すためのものですから、魚を食べ終わってから口にします。赤い部分は残して白く柔らかいところだけいただきましょう。

鮨店のマナーと注文の仕方

江戸時代の屋台が発祥だと言われているお鮨には「こうやって食べなければいけない」というルールはあまりありません。その代わりに何が必要なのかというと、職人さんに敬意を払い、繊細なお鮨をできるだけ美味しい状態でいただく姿勢です。粋にたべるために知っておいたほうがいいことをいくつかご紹介します。

まず、座席は大将の正面カウンターが最上位席といわれ、主に常連さんが座る席とされています。基本的にドレスコードはありませんが、生の魚を扱う鮨店では香りは特に気をつける必要があります。**香水や香りの強いボディクリーム、タバコは厳禁です。**

おまかせやコース料理を用意しているお店がほとんどですが、お好みで注文する場合は旬の魚を聞いたり、好きなネタを伝えたうえでおすすめを聞くとスムーズです。

また、業界用語を多用しないこともお店や職人さんとうまく付き合うために大切です。ムラサキ（しょうゆ）やアガリ（最後に出るお茶）などは客側である私たちが無理に使うものではありません。

◆お鮨を美味しく、美しくいただく食べ方

お鮨のマナーでもっとも大切なことは**「出されたお鮨はできるだけ早く食べること」**。どんなお料理にも言えますが、特にお鮨は出された瞬間がもっとも美味しく、秒ごとに味が落ちてしまう食べ物。おしゃべりや写真に夢中になって、出されたお鮨にいつまでも手をつけないのは大変失礼な行為です。

また、基本的にはひと口で食べて美味しいように握られているため、噛み切らずひと口でいただきます。手で食べても箸で食べてもかまいませんが、手皿はせず、美しく口に運びましょう。お鮨がのっている大皿は基本的に動かしません。

しょうゆはシャリではなく魚にほどよくつけ、軍艦はガリにしょうゆをつけて垂らします。ただし、伝統的な江戸前寿司の場合、酢や塩で締めたり、タレに漬けこんだりといった調理加工をして食材の美味しさを引き出しているため、職人さんが握ったそのままの状態で口に運べます。手元にしょうゆが用意されているからといって、やみくもにしょうゆをつけて食べるのは控えたほうがいいでしょう。

西洋料理のマナー

西洋料理のテーブルマナーは、「社交」と「危機管理」の2つの側面から確立されました。ヨーロッパの戦争の歴史から生まれたマナーは、危機管理の要素が強いのが特徴的です。たとえば、手をテーブルの上に出しておくのは武器を隠し持っていないことを示すため。ワインもホストが試飲してからふるまっていました。

また、階級社会の維持とも密接に関連しており、階級が一目でわかるように厳格な席次が存在していたり、品位を保つための心配りが重要視されます。

西洋料理を代表する料理はフランス料理で、フォーマルなシーンでもフランス料理の献立が多く採用されています。

フランス料理の特徴はソースの複雑さであり、味の決め手となります。また、食材も豊富で、鴨・ウサギ・鹿などの肉やフォワグラ・トリュフなどの珍味、エスカルゴやムール貝などを使用するのも特徴的です。ワインの存在も欠かせません。

入店と着席のマナー

男性と女性で入店する場合は、ドアを開けるのはお店の方または男性の役割。「予約した○○です」と確認するのも男性の役割です。

入店したら大きなバッグやコートはクロークに預けましょう。席に案内してもらうときは、お店の案内係の人の後ろに女性、その次に男性がつきます。これは、一時的にお店の人にエスコート役を譲る意味からです。案内役がいないときは男性にエスコートを任せます。**席は女性が上座。お店の人が最初に引いた椅子が上座になり、女性が座ってから男性が座ります。**

小さなバッグは、指定されなければ椅子の背中側に置くのがよいでしょう。椅子の背が抜けているなど置く場所がなければ、膝の上に置いてナプキンをかけます。テーブルとお腹の間隔を握りこぶし大ほど開けて腰掛け、手は、手首がテーブルの縁近くにあるくらいの位置で出しておきましょう。

✦テーブルセッティングの基本

西洋のテーブルセッティングは、真ん中のショープレート（位置皿）を中心に置かれます。このショープレートはお料理を実際に乗せるものではありませんが、お客様をお迎えし、第一印象を決める大切なお皿でもあります。お料理が運ばれる前に引かれます。

カトラリーは、最初からナイフやフォークがすべて並べられている場合と、一皿ずつ必要なものを提供いただける場合とがあります。

テーブルセッティングに関して、絶対に押さえておいていただきたいのがグラスの位置とパン皿の位置。案外、隣の席との間が詰まった会場だと、自分のグラスやパン皿が左右どちらのものなのかわからなくなってしまうのです。

グラスは自分の右側、パン皿は左にあります。うっかり、右の人のパンを食べてしまっていたなんていうことのないようにこれだけは覚えておきましょう。

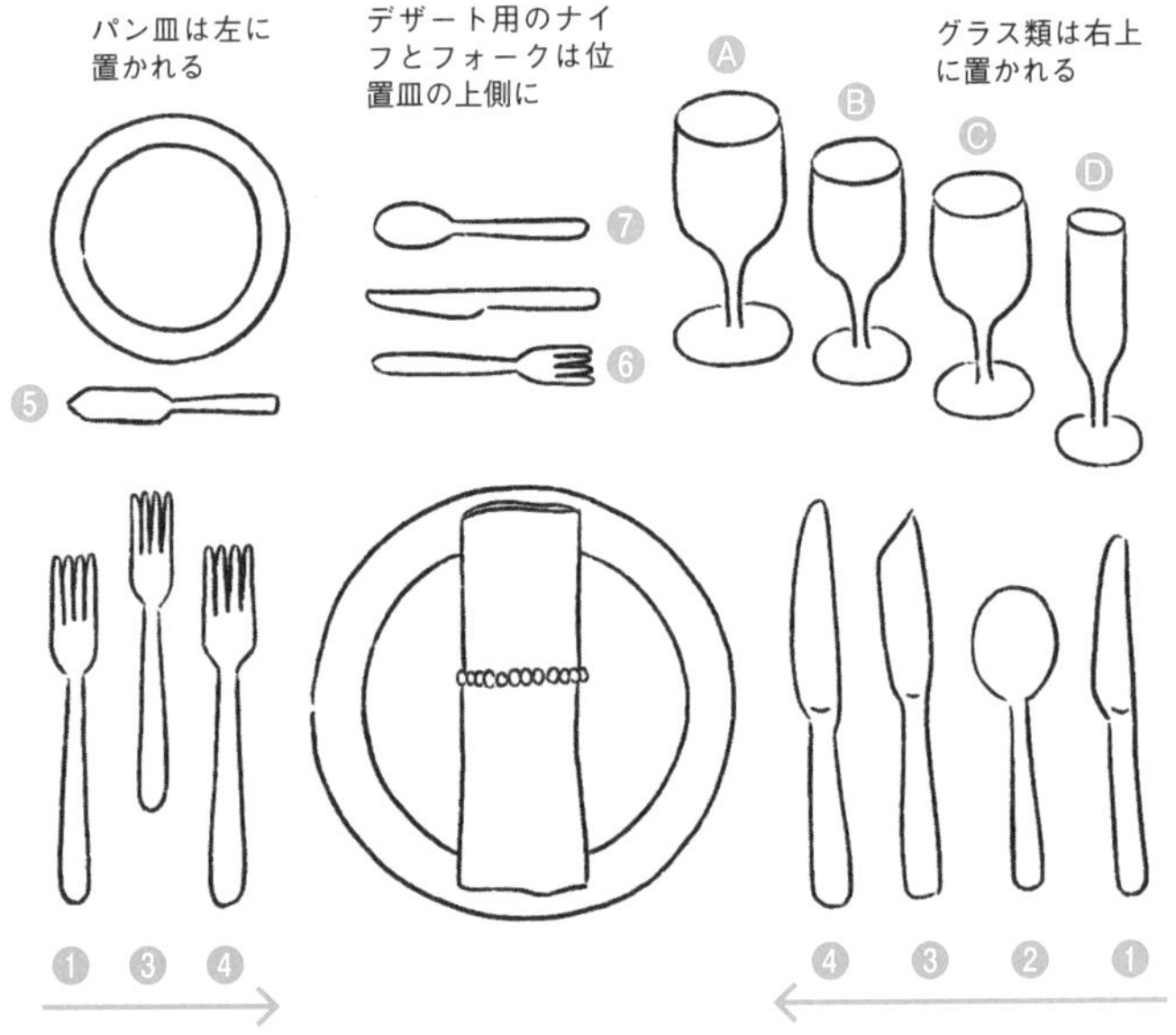

カトラリーは皿の右側にナイフとスプーン、左側にフォーク類が並べられている。コースに合わせてオードブル用、魚料理用、肉料理用が左右一対で置かれ、外側から順に使う

1 オードブルナイフ・フォーク
2 スープ用スプーン
3 魚用ナイフ・フォーク
4 肉用ナイフ・フォーク
5 バターナイフ
6 デザートナイフ・フォーク
7 アイスクリームスプーン

A 水・ソフトドリンク用グラス
B 赤ワイン用グラス
C 白ワイン用グラス
D シャンパン用グラス

ワインのいただき方

西洋料理の中で欠かせないのはワインです。フランスはもともと水の質が悪く、水の代わりにワインを飲んだり、調理に使われたりと生活に密着していました。紀元前8世紀ごろにはすでにメソポタミアでぶどうの栽培やワインの醸造をしていたとされています。レストランではソムリエが接客の中心となることもあり、単なる酒以上の地位を占めています。

ワインはソムリエと相談しながら決めるのがスマート。**ワインを注ぐのはソムリエ、または男性の役割なので、女性は自分で注がないようにしましょう。**注がれるときはグラスを持ち上げたり、グラスに触れたりしません。

テイスティングを求められた場合は、外観・香り・味などを確認してから「大丈夫です」「美味しいです」などひと言伝えましょう。

お酒が飲めなくても肩身の狭い思いをする必要はありません。堂々と伝え、ミネラルウォーターやノンアルコールドリンクを楽しみましょう。

グラスの扱い方

ワイングラスは、足の部分である「ステム」を持つのが日本では一般的です。格式の高いお店ほどワイングラスも薄く繊細なものを使用していますので、乾杯のときにグラスを合わせて音を出すことは危険。目の高さにグラスを持ち上げ、相手の目を見て「乾杯」といいます。

また、指紋や口紅などで汚れたグラスはご一緒するお相手に不快感を与え、ワインや水の味にも影響します。ただし、**グラスについた油分や口紅を指でぬぐう行為はさらに下品な仕草とみなされます**ので、口紅はお店に入る前にあらかじめ少し押さえておきます。グラスに口をつける前には、都度ナプキンで口元の油分を押さえることでグラスを汚さずに済みます。

パンの食べ方

左手側にパン用の小皿とバター専用のナイフがありますので、お皿の位置は動かさずにいただきます。手でひと口大にちぎり、バターやオリーブオイルをつけて食べましょう。お店からおすすめされない限り、ソースやスープをパンにつけて食べるのは正式な場ではNGです。パンくずがテーブルクロスに散らかってしまったとしても、そのままで大丈夫。ウエイターがのちほど片付けてくれます。

ナイフとフォークの扱い方

ナイフやフォークが最初からすべて並んでいる場合、外側から使っていきます。もし間違って使ってしまっても慌てずにそのまま食事を続けましょう。足りないものはウェイターが持ってきてくれますし、使わなければ下げてもらえます。料理ごとにカトラリーを持ってきてもらえる場合でも、持ってきたものをすべて使う必要はありません。自分の食べやすいように使えば大丈夫です。

お食事の途中で置くときはお皿の上に八の字型に置き、食事が済んだらお皿の4時の方向に揃えておきます。いずれもナイフの刃が外を向かないように気をつけてくださいね。

また、カトラリー同士、あるいはお皿とぶつかったりこすれる音は西洋では大変嫌われる音です。ソースやクリームがついたナイフをフォークでこそげたり、お皿のソースをナイフで集めるようなことはやってはいけません。もちろん、話しながら手に持ったナイフやフォークを振ったり、人や物を指し示したりするのも大変失礼な行為です。短い時間だとしても、使わない場合はお皿の上に置きましょう。万が一落としてしまったときは、自分で拾わずにウエイターを呼んで新しいものを持ってきてもらってください。

✦スープは食べるもの

欧米では、スープは飲むものではなく食べるものです。日本人はズズッと吸い込んでしまいがちなので音を出さずにいただくことが一番のポイントです。お皿の手前から向こう側にスープをすくうのがイギリス式で、その反対がフランス式。右側からスプーンを入れ、左側に向かってすくってもかまいません。

スプーンに入れるスープは八分目程度にします。多く入れすぎると滴がぽたぽたと垂れたり、スプーンに顔を近づけて食べるような形になり美しくありません。音を立てず、スプーンを口につけて流し込むようにすると、吸い込まずに美しくいただけます。

食べ終わったら、スプーンがお皿の中に入る場合は上向きで置いておきましょう。お皿が小さくバランスが悪い場合は、受け皿に置いてもかまいません。

ナプキンのスマートな扱い方

ナプキンは、西洋料理をいただく際にはキモになる大変重要なアイテムです。ナプキンの扱いが美しいと、洗練されて場慣れした雰囲気を感じさせることができ、普通にふるまっていても一目置かれる存在になります。

ナプキンはあまり意識して使ったことがないという方が多くいらっしゃいますが、用途は2つ。

①口元や指先の汚れを拭う

②洋服を汚れから守る

特に、①については油分の多い西洋料理を食べるときに必須。美しく食べるために積極的に使っていきましょう。

ナプキンを取るタイミングについては、メニューの注文が終わったら手に取ります。席に座ってすぐに取ったり、料理が運ばれてきてお店の人に促されてから取ることのないようにしましょう。主賓がいる場合は、主賓が取ってからにします。ナプキンの代わりに自分のハンカチなどを使ってしまうと「このナプキンは不衛生で使えない」という意味になってしまいますので、やめましょう。

ナプキンは二つに折り、折り山を自分側に向けて膝の上に広げます。**手や口元を拭くときは、ナプキンの内側（裏側）を使いましょう。**拭くときに、前かがみになって口を隠すようになるのは美しくありません。背筋を伸ばし自然な形で口元をそっと押さえましょう。万が一落としてしまったら、自分で拾わずウエイターに拾ってもらいます。

本来は食事中に中座するのはマナー違反ですが、やむを得ない場合はナプキンを椅子の上に置きます。食事中は汚れたナプキンをテーブルの上に置かないようにしてください。

食事が終わったら、テーブルの上にナプキンを置きます。このとき、キレイにたたんでしまうと「料理やサービスに満足できなかった」という意味になってしまいますので要注意。適当にずらしてたたむことで、「料理やサービスに満足しているので、ナプキンの置き方にまで気が回らなかった」という意味になります。

✦ 魚料理（ポワソン）の食べ方

骨付きの魚が出た場合は、上身の左側から右側に向かってひと口大に切りながら食べ進めます。上身を食べ終えたら裏返しにせず、背骨を身から外して残った下身を食べます。やわらかい切り身の魚料理の場合は、フィッシュスプーンが出されることも。ナイフ代わりに使ってＯＫです。ソースと魚の身を一緒にすくいやすい形状ですので、うまく絡ませていただきましょう。口に小骨などがはいってしまったときは右手かナプキンで口元を覆い、フォークの先に出してからお皿の隅に置きましょう。

殻付きの海老などが出た場合は、フォークで身を押さえ、身と殻の間にナイフを入れて身を取り出します。その後、お皿の上に移してから切っていただきましょう。海老やカニの殻をむくときに手を使っていい場合は、必ずフィンガーボウルが出されます。フィンガーボウルが出された場合は、片手ずつ指先を軽くすすぎ、ナプキンで拭いてください。

✦ 肉料理（ヴィアンド）の食べ方

ステーキなどの肉料理は、ナイフで左側からひと口分ずつ切って食べます。料理が冷めてしまったり、肉汁が流れ出てしまったりと美味しさが損なわれてしまうので、最初にすべて切ってから食べることはしません。

肉を切るときは、しっかりナイフの柄を握り、人差し指をナイフの峰の上に乗せて使うと力が入りやすくスマートに切ることができます。

ソースが添えられている場合は、切った肉に適量つけながらいただきます。付け合わせとお肉はバランスよく食べ進めてくださいね。

肉料理は、付け合わせにサラダが出る場合もあります。葉物野菜はナイフで切らず、ナイフとフォークでたたむようにして口に入る大きさに折り、フォークで刺していただきましょう。

パスタの食べ方

イタリア料理のパスタは、日本でもなじみのある料理です。ただ、エレガントに食べるのはなかなか難しいもの。間違った食べ方をしている方も多いので、今一度食べ方をおさらいしておきましょう

ロングパスタの食べ方でよく見るのは、ガバッとフォークですくって一巻きし、ずるずるっと啜り上げながら食べるパターン。これは蕎麦では許されますがパスタではNGです。最初にすくう麺の量が多すぎること、巻き切らずに長いまま口に運ぶこと。これが汚い食べ方になってしまう原因ですので、そこに注意するだけで見違えるように食べ方は美しくなります。

ロングパスタの場合、**3〜5本を目安にフォークにとり、お皿の縁を利用してくるくると最後まで巻き切ります。**スプーンを使うのは幼稚な印象を与えますので、フォークだけでいただきましょう。

ショートパスタは、フォークの腹に乗せていただきます。乗せにくい場合は刺

してもかまいません。ラザニアのような板状のパスタは、フォークでひと口大に切り分けながら食べてもいいですし、ステーキのようにナイフで切りながら食べても大丈夫です。

立食パーティーのマナー

立食パーティーで一番大切なのは、多くの方との歓談です。料理に夢中になったり、同じ場所で同じ人とだけ話したりせず、いろいろな方とお話ししましょう。

乾杯のときは目の高さにグラスを上げ、グラス同士は合わせません。お皿とフォークは左手で持ち、フォークはお皿の上にのせて親指で押さえます。グラスは右手で持ちましょう。**お皿とグラスはまとめて片手で持つことがよいと思っている方もいますが、女性の手では難しく見た目も美しくありませんので無理に持たなくてかまいません。**

また、動くことが前提ですので、あまり高いヒールは履かないほうがいいでしょう。手がふさがってしまうハンドバッグも避け、肩掛けできるチェーンバッグなどに。フレアスカートなど揺れのある洋服を着ていくといいかと思います。
会場の壁側などに用意されている椅子は、気分が悪くなった方や年配の方のためのものですので、長時間陣取ったり荷物を置かないようにしてくださいね。

✦ブッフェのマナー

ブッフェスタイルの料理は、基本的にフルコースの順番に並んでいます。お皿を手に、コース料理と同様にオードブルから順にデザートまで取っていきます。前菜・魚・肉と一皿ずつ取り、見た目も美しく盛ってください。**ブッフェは少量を何度も、が基本で、一通りの食事で10枚以上のお皿を使用するのが目安です。**

一皿に盛るのは前菜なら2〜3種類、温かい料理は2品ほどが目安。温かいものと冷たいものはそれぞれお皿を分けましょう。ソースなどが混ざるのせ方はやはり美しくありませんので避けましょう。次の料理を取りに行くときは、使ったお皿やグラスは再度使用せず都度新しいものに交換します。

人の分まで取ったり、同じ料理を大量に取って山盛りにしたり、取った料理を残したりするのはマナー違反です。自分が食べられる分だけ取りましょう。

✦アフタヌーンティーのマナー

アフタヌーンティーは、イギリス発祥の喫茶習慣です。1840年ごろ、夕方の空腹に耐えかねたアンナ・マリア・ラッセル公爵夫人がお茶と軽食を運ばせたのがはじまりと言われています。日本でも一般的になりましたが、実は紅茶のいただき方やティーフーズなどの食べ方を知らないという方もいらっしゃると思います。格式の高いホテルでいただくこともあると思いますので、基本的なマナーを知っておくとよいでしょう。

❶紅茶のいただき方

アフタヌーンティーの紅茶は、ソーサーごと持っていただきます。胸の位置までソーサーを持ち上げ、右手でカップ、左手でソーサーを持ちます。これは本来、アフタヌーンティーのときのテーブルが低めに設定されているためです。テーブルの高さが十分に高い場合はソーサーは持ち上げずカップだけ持ち上げましょう。その際、左手をカップに添えたりはせず、右手のみでカップを持ち上げます。ティースプーンは、飲むときはカップの奥に置きましょう。お砂糖やミルクを入れる際は音を立てず、前後に2、3回攪拌します。水面に丸を描くような混ぜ方は幼稚に見えるのでいたしません。

息を吹きかけて冷ましたり、音を立ててすすらないようにいただきます。

② ティーフーズのいただき方

ティーフーズとは、アフタヌーンティーで出される軽食のことで、**サンドイッチ、スコーン、スイーツの順でいただきます。** 通常は3段スタンドになっており、一番下にのっているサンドイッチから上の段に食べ進めるのが一般的ですが、ホテル側の意向などによって上下が変わることもあるため、食べ進める内容を覚えておきましょう。

ティーフーズは手で取ってもかまいませんが、スタンドから取ってそのまま口に運ぶのはマナー違反です。必ず自分のお皿に一度置いてからいただきます。

食べる際は、サンドイッチなどは手で持って食べても、ナイフとフォークでひと口大に切って食べてもどちらでも大丈夫です。手に持って直接食べる場合は、歯形が人に見えないように配慮しましょう。

お皿は何度でも取り替えることができます。お皿が汚れてきたり、小さな器でいっぱいになったら遠慮なく交換してもらいましょう。

❸ スコーンの食べ方

スコーンは手で扱います。直接かじるということはせず、手元でひと口大に割って食べるのですが、焼き目の割れ目が入っている場合は、割れ目に沿って分けるとボロボロにならず上手に分けることができます。

ひと口大にしたらジャムとクロテッドクリームをナイフでたっぷり塗っていただきます。先ほど、食べる順番があるということをお伝えしましたが、せっかく

温かい状態で持ってきてもらったスコーンが冷め切ってしまうとおいしさも半減してしまいますしボロボロと崩れやすくなります。そのあたりは臨機応変に、美味しい状態でいただきたいものですよね。

中国料理のマナー

中国料理は、広い国土の中で地域ごとに特色があり、使われる食材も多岐にわたっています。薬膳の考えが生まれた国であり、体調を整えたり健康増進をするという医食同源の考え方が根付いています。

最近では日本や欧米の習慣なども加わり、一人前ずつお皿に盛りつけて提供する「分餐」スタイルのレストランも増えていますが、基本的に中国料理は大皿をみんなで取り分けて食べる「集餐」スタイルです。同席した人同士が一つのお皿から料理を取り、和やかに会話を楽しみながら食事をすることが重要視されます。

元々は宮廷、上流階級から発達したもので、食事に関する決まりや約束事が多くあり難しい食卓作法であったと言われています。しかし、宮廷がなくなると次第に変化し、現在では食卓作法も簡略化してきました。
とはいえ、職場の会食やおめでたい席で一流の中国料理店へ行くこともあるかと思いますので、基本的なテーブルマナーは押さえておくと安心です。

入店と着席のマナー

席次は、基本的には入口から一番遠い席が上位席となります。ただし、外の景色が眺められたり、上等な調度品が飾ってある部屋などは上位席が変わることもあるので、ホストの場合はお店に確認しておきましょう。

上位席には主賓が座り、主賓から見て左、右の順に座っていきます。これは、中国では「左をもって尊し」とすることから、主客の左側を次の上位とするためです。ただし、近年ではプ

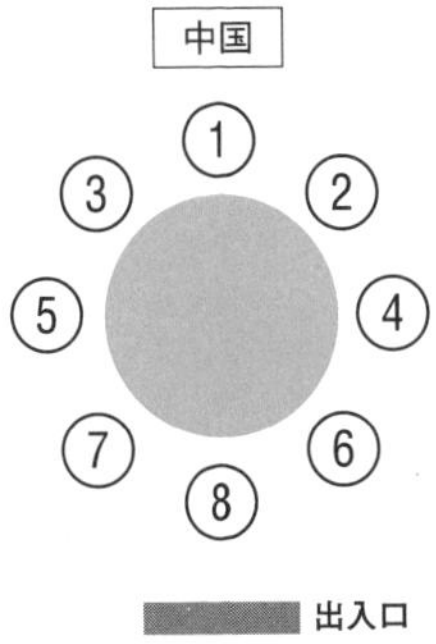

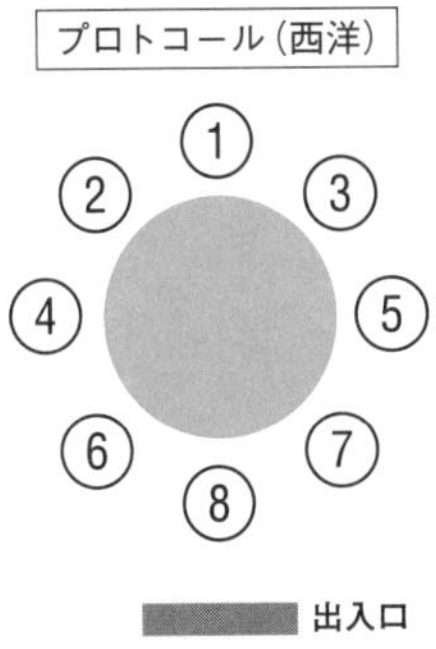

ロトコールにならって、主客の右側を次の上位とすることもあります。

回転テーブルのマナー

中国料理店特有の回転テーブルは、時計回りで回すのが原則です。回転テーブルにのせてよいものは「料理」「調味料」「装飾品」のみとなり、取り皿や倒れやすいビン・グラスなどは置きません。

食べ終わったお皿を置くなどということは、汚いものが人の目に触れることになるのでもってのほか。また、離れている席にお酒を注ぐ場合はいったん席を立つのが望ましいため、お酒も原則回転テーブルにはのせません。

料理の取り分け方

料理が運ばれてきたらまず主賓から取り始め、時計回りに順番に取り分けていきます。一度全員に行き渡ったら、残りは食べたい人が自由に取ってかまいません。**自分のものは自分で取るのが基本で、他の人の料理を取り分けたりはしません。**お酒やお茶も自分で注ぎ足します。

回転テーブルを回すときは、他の人が取り分けている最中ではないか確認をしてからゆっくりと右回転で回します。席を立って料理を取るのは見苦しい行為とされるため、必ず座ったまま取りましょう。

取り皿は料理ごとに毎回替え、足りなくなったらお店の方に持ってきてもらいましょう。自分の取り皿に取った料理は残さずいただきます。

中国料理のカトラリー

中国料理で使う道具は、お箸と散蓮華《ちりれんげ》（通称：レンゲ）があります。お箸は日本のものとは違って長く、先端が細くないため使いづらいと感じるかもしれませんが、点心などを突き刺して食べたりしてはいけません。ねぶり箸や渡し箸など、日本での忌み箸のほとんどは中国でもタブーとされ

ています。お箸は、使わないときは縦に置くのが特徴です。

レンゲは汁物やチャーハンを食べるときに使います。**レンゲの持ち手の溝に人差し指の腹を乗せ、親指と中指で挟むように持ちましょう。**

中国のお酒の飲み方

中国では、宴席でのお酒の飲み方に独特の習慣があります。まず、乾杯は日本では一種の儀式として一回限りですが、中国では何回も行います。

お酒を酌み交わすことは中国の方にとっては特別な意味があり、友好の証とされているため、飲み会で自分のペースで一人で飲むことはホストや同席者に対して失礼な印象を与える可能性があります。飲むときには誰かを誘って乾杯し、一緒に飲みましょう。

「乾杯」と言われたら一気に飲み干し、お酒を飲み干した証として同席者へグラスを少し傾けて底を見せるのが流儀となります。お酒は相手に注いでも注がなくても大丈夫です。

日本では相手に注がなければ失礼だとみなされることがありますが、中国ではそのようなことはありません。ただし、相手によって飲んだり飲まなかったり、宴会の始めだけ飲むことは相手の面子をつぶすことになりかねないため、飲めない場合は最初からひと口も飲まないという態度が必要です。

中国茶の飲み方

医食同源の考え方はお茶に対しても同じで、食事や季節に合わせたお茶を楽しむことで体調を整えたり、病気を防ぐという意味合いも大きいです。また、中国茶には脂肪を分解する効果があると言われ、脂の多い中国料理には欠かせません。

茶葉が入った状態で、蓋付きの茶碗でお茶が出されたときは、茶托ごと手で持って飲みます。茶碗の中の茶葉を飲まないように蓋を少しずつずらして右手で押さえて、香りを楽しみながら隙間から飲むようにしましょう。

カジュアルな食事のマナー

和食や西洋料理は食べ方に決まった作法があるのでそれを覚えておけばいいのですが、意外と迷うのがハンバーガーや麺類などきちんと決められたルールがないカジュアルな食事。「どうやって食べればいいの?」と焦ってしまうこともあると思いますので、基本的な食べ方のマナーを押さえておきましょう。

ライスをフォークで食べるとき

洋食レストランなどでライスが出てきた場合、「フォークの背にライスを乗せて食べる」と教えられたけれど、食べにくいし本当なの?というご質問を受けます。結論から言うとそれも正解ですし、右手にフォークを持ち換えてフォークの腹でライスをすくってもOKです。イギリス流のテーブルマナーではフォークは左に持ったまま最後までお食事しますので、ライスは背に乗せることになるのですが、フランス流ではフォークを右手に持ち換えていいとされています。そもそもライスが出てくるような洋食レストランはカジュアルなお店ですし、食べやすい方法を選択して大丈夫ですよ。

✦ハンバーガーの食べ方

ナイフとフォークがある場合は、ひと口大に切りながらいただきます。高さのあるハンバーガーの場合は、一気に切ることが難しいので上のバンズを外して上下を分け、それぞれをバランスよく食べていくのがよいでしょう。

ない場合はかじりますが、小さい口でかじっていると中身が崩壊したり、ソースがあふれ出したりして逆に食べにくくなります。**包み紙などで口元を隠しつつ、ある程度大きな口で食べるのが大事です。**上下に軽く押して潰すと食べやすくなりますよ。

✦麺料理の食べ方

蕎麦やうどん、ラーメンなどの麺料理は、日本ではすすることが許されていますが、だからといって必要以上に音を立てるのはやめましょう。「すすらなければ蕎麦じゃない」「すすらず食べるとまずそうに見える」などとすすることを人に強要する人がいますが、これこそマナー違反だと私は思います。

麺料理を食べる際に気をつけたほうがいいのは、途中で麺を嚙み切らないようにすること。たくさんすくいすぎると口に入りきらず、途中で嚙み切ることになるので一回ですくう麺の量は少なめにしましょう。ふーふーと息を吹きかけて冷ますのも避けるべき行為ですので、比較的冷めている上のほうからお箸で持ち上げて食べるといいですね。

また、汁が飛びはねないように麺の先をお箸で少し押さえながら口に運ぶとスマートです。レンゲがある場合は、受け皿代わりに使ってもよいでしょう。

麺料理を食べるときはとにかく前のめりの姿勢になりやすいので、しっかりとテーブルに近づき、必要以上に前のめりにならないように気をつけてください。また、長い髪を手で押さえながら食べるのは不衛生に見えるので、麺類を食べることがわかっている場合は軽く髪をまとめておくといいですね。化粧ポーチにゴムやクリップを入れておくと安心です。

麺類は「こう食べなければいけない」といった厳格なマナーはありませんが、蕎麦やラーメンなど職人さんのこだわりが強いお店ほど「こう食べてほしい」という思いがあったりします。どの薬味をどうやってつけるのか、どの順番で食べるといいのかなど、疑問に思ったときは恥ずかしがらずにお店の人に聞いてみてください。

焼き鳥の食べ方

出された焼き鳥はすぐに食べるのが鉄則です。絶妙な火入れをしている焼き鳥は、何分も放置しておくと味が落ちてしまいますし、職人さんにも失礼です。

また、焼き鳥はできれば串のままいただきましょう。職人さんは串を打つにも何年も修業されています。串料理はやはり串のままいただくのが醍醐味。串からすべて外してしまうと肉汁が流れ出し、味も変わってしまい、せっかくの料理が台無しです。

串の奥に刺さったお肉が食べにくい場合は、お箸で先端のほうにスライドさせて食べると串のままでも食べやすいですよ。

天ぷらの食べ方

天ぷらも揚げたてをすぐに食べましょう。お箸でひと口大に切り、お好みで**天**

つゆや塩をつけていただきます。天つゆにつける場合は天つゆの器を持ち上げて食べるか、懐紙で受けながら食べると上品です。塩で食べるときは、天ぷらを塩につけるのではなく指で塩をつまんでパラパラとかけます。

盛り合わせで出された場合は、好きな食材からいただくのではなく、手前のものから取り盛り付けを崩さないようにします。

海老やかき揚げなど、かじらないと食べられないものはかじってかまいませんが、できるだけお皿には戻さず食べきりましょう。どうしても戻さなければいけない場合は、かじった歯型が人に見えないように置き、早めに食べきることが大事です。

海老の尾などの食べ残しはお皿の左奥など一カ所に集めておきましょう。懐紙がある場合は、小さく山折りにした懐紙で隠しても上品です。

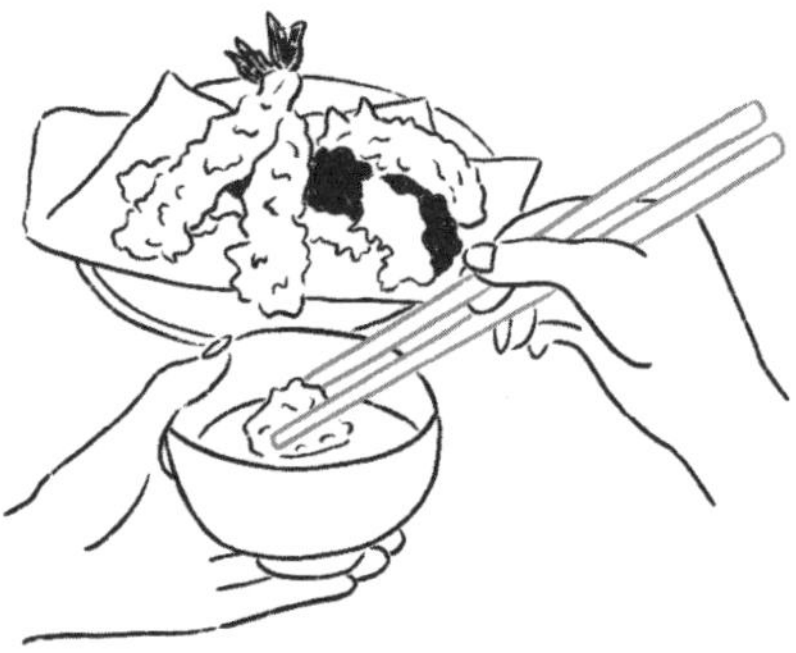

サラダは戦略が命

サラダの食べ方は、非常に質問が多いものの一つです。確かにあのペラペラの野菜は本当に難しい。最後のほうに皿に張り付いた水菜なんて、もはや絶望的ですよね。だからこそ、戦略を持って食べすすめることが必要なのです。

サラダは、フォークで刺しやすい野菜／刺しづらい野菜とを、常に組み合わせて一緒に食べていきます。たとえば、同じレタスであっても根元のほうは比較的堅くて刺しやすいけれど、先端にいくにつれて柔らかくて刺しにくいなど特徴がありますよね。食べにくいものが最後に残らないように上手に調整していきましょう。

もう一つ大切なことは、葉物野菜をナイフで切らないということ。ナイフを入れてしまうと味も落ち、見栄えもキレイではないのでやめましょう。葉物野菜が大きい場合は、ナイフとフォークで折りたたんでいただきます。

✦ケーキの食べ方

ケーキにはいろいろな種類があり、食べづらいものも多いです。本当は食べたいケーキがあるけれど、ボロボロになってしまいそうでお店では注文を控えた、という経験がある方もいるのではないでしょうか？

ここでは、ケーキの食べ方について3パターンお伝えします。これを知っておくと、どんなケーキでもある程度対応できるようになるのでとても便利です。

・ショートケーキ…とがった三角の角の部分から食べます。ケーキの高さが高い場合は、無理に一気に下までフォークを入れずに上段、下段と少しずつ食べ進めてOK。

・ミルフィーユ…上から押すとクリームがはみ出てしまうようなケーキの場合は、思い切って最初から倒しておきます。倒したケーキを左側から少しずつナイフとフォークでいただくとボロボロ崩れにくいです。

・**シュークリーム**…上から押せない、形が丸いので倒すこともできない、という場合は、蓋を外してしまうという方法もあります。蓋を外して横に置き、上の蓋と下の部分をバランスよく切りながら食べていきましょう。

3章

備える

どんなときも余裕がある人は
決して準備を怠りません。
それが、品格につながることを知っているから。
いつでも美しくふるまえるように備えておくと
周りの方とのお付き合いも
自然といいものになっていきます。

これだけ
やってみて

家を出る前から
マナーは始まっている

マナーというと「当日のその場で何をするのか?」「どうふるまうのか?」にみなさん注目しがちなのですが、残念ながら当日では遅すぎる、お店に入ってからでは遅すぎる、ということが多々あるのがマナー。目の前のことだけ一生懸命やればいいというものではありません。

本当の意味での美しい立ち居ふるまいは、家を出る前からすでに始まっています。先のことまで考え準備しているからこそ、当日の本番で最も自分がリラックスし、自分の魅力を最大限に発揮し、周りも引き立てるような立ち居ふるまいをすることができます。一目置かれる素敵な佇まいの方は、いつも視座が高く、常に1歩、2歩先まで見通して行動しているものです。

また、人はとっさの反応やトラブル、何気ないときにこそ、その人の本性が出るというもの。日頃から備えておくことで、さまざまな選択肢の中から自分の立ち居ふるまいを選び取ることができます。どんな場面でもボロを出さず、むしろさすがだと思われるためにも普段からの備えはとても大切なのです。

「何があっても大丈夫」。この心の持ちようや余裕が、品格ある佇まいにつながっていくでしょう。

知識×準備で品格を上げる

とはいえ、どんなに「備えておくぞ！」と気合いを入れても、先のスケジュールをきちんと頭に入れておいても、そもそも自分に知識が備わっていなければ準備のしようもありません。

たとえば、どなたかのお家を訪問するとき。手土産を準備しておいたほうがいい、訪問先のすぐ近所では手土産は選ばないほうがいい、人のお家に上がるときには素足はＮＧである……。このようなことが頭に浮かばなければ動くことすらできません。

知識があってこそ準備も整うというもの。プレゼントだって、どんなに心をこめていたとしてもマナー的にNGのものを贈ってしまうと、相手に自分の思いが伝わるどころか「常識がない人だな」と逆に不快な思いをさせてしまうこともあり得るのです。知識がないだけで、せっかくの貴重な時間やお金、自分の思いを無駄にしてしまうのは本当にもったいないことですよね。

マナーを知ることで、最短距離で迷うことなく準備ができて、自分も周りも幸せにできる。これがマナーを学ぶ最大のメリットです。予定のためにどんな準備が必要なのか、それがわかると自分の安心感も格段に上がることを体感できるはずです。

準備ができる人は一目置かれる

普段から準備をしている人は、いざというときの対応のスピードが違います。また、**思いがけないサプライズを人に与えることになり、心に残ります。**

お仕事ができる方ほど、「いつのまにそんな準備をしていたの?」と驚かされることもしばしば。

お会いしましょうと直前に決めたのにきちんと手土産を持ってきてくださる、贈り物をするとすぐにお礼状が来る、など。同じことをしても、その対応のスピードが速いだけで人からの印象は大きく変わります。

また、以前超一流のホテルに宿泊したときには、支配人の方がすでに私の職業まで知ってくださっていて、さすがだなと感じました。「お客様のことを事前に調べる」という準備が、私にとっては驚きとなりずっと忘れられない体験として残っているのです。もちろん、そのときはコミュニケーションも盛り上がり楽しい滞在となりました。

レッスンでお世話になっている一流のフレンチのお店は、現金でのおつりをすべて新札にされています。最後の最後まで妥協のないおもてなしをするため、そこまで準備されているのかと感動します。

このように、**「準備」をするだけで、この人はさすがだなと一目置かれ、信頼され、もっと一緒にいたいと思ってもらえるのです。**

準備をしておくと心に余裕が生まれる

準備ができる人は周囲からも信頼されますが、自分自身のことも信用できるようになります。きちんと準備をして物事に臨むことができれば、安心してその場を楽しむことができます。

万が一トラブルがあったとしても臨機応変に対応できたり、落ち着いて進められたりして、「自分のことを自分できちんとコントロールできる」という自信にもつながっていくでしょう。

逆に、いつも準備不足でバタバタしてしまったり、「本当は〇〇したかったのに準備できなかった」という気持ちを持ちながら物事に臨むと、自分の本来の力を発揮できないですよね。

自信というのは、大きなことをやり遂げるからつくのではありません。小さなことであっても「自分の思い通りにできた」ということを積み重ねていってできるもの。実は私も、昔からギリギリに動くタイプなので偉そうなことは言えないのですが、それでも**マナーを学ぶことでずいぶんと要領よく、ポイントを押さえ**

て動けるようになりました。一つずつでもいいので成功体験を積み重ねていきましょう。

スケジュールや心の余裕は、品格につながります。

この章では、私の経験や多くの講座生のみなさまから聞いたエピソードも交えて、準備の大切さについてお伝えしたいと思います。少し心構えを変えるだけで、より美しいふるまいができるようになりますよ。

予約をあなどらない

予約は、お店との最初のコミュニケーションです。ここから「自分が大切なお客様として扱ってもらえるかどうか」は始まっています。自分の情報をきちんと伝えることで、お店側も安心してコミュニケーションをとってくれるので結果的にいい時間を過ごしやすくなります。

まず、苦手な食材やアレルギーはきちんと伝えておきましょう。コース料理の場合は、お店側も事前の準備が必要です。お店に来てから「実はこれが食べられないんです」と言われるより、あらかじめ食べられないものがわかっていたほうが準備がしやすいですよね。

また、誰とどんな目的で行くのかということも軽く伝えておくとお店側も気持ちの準備ができるので安心です。最後に、「楽しみにしています」ということを言葉にして伝えることも忘れずに。これだけで、お店側もあなたを大切にしたいお客様だと思ってくれます。

◆事前にお店の情報を調べておく

たとえば、お見合いの席で全く相手のことを知らない状態で会うのと、ある程度相手の趣味や経歴を知ったうえで会うのとでは、会話の広がりや深さが全く違ってきますよね。お店のカウンターはまさにそんな場所。**お店のことや大将のことを少しでも知っていると、とてもスムーズに会話を広げられたりします。**何より、「私はとても楽しみにしてきた」「あなたに興味がある」ということをさりげなく伝えることができます。

お店のおすすめであるスペシャリテを知っておくこと、他のお客様がどのようなことを期待してその店に行っているのかを知っておくこともお店を楽しむうえでは欠かせません。

せっかくお店を訪れたのに、そのお店がもっとも大切にしているお料理、得意とするお料理を知らずに帰ってきてしまったら、とても残念ではないですか？　知ったうえで別のメニューを選ぶのと、知らずに食べないで帰ってきてしまうのでは楽しみも違ってきます。

これをみなさんに強く言うのは、私にも何度も失敗した経験があるから。昔、とても素敵なお店を訪れてサービスにもお料理にも大満足して帰ってきたのですが、帰ってから口コミを見ると「あの店にかかっている数々の絵がすごい。貴重なものが季節ごとに変わってかかっている」という口コミがたくさん。え⁉　そうだったの！　全然気づいていなかった……ととても残念に思いました。

またあるときには、「あの店のトイレがすごくユニークで面白い」という口コミが。そのときに限ってお化粧室は利用しなかったので、それも残念な気持ちになりました。たとえ人に選んでいただいたお店だったとしても、自分で調べておくことは自分が楽しい時間を過ごすためにも、お店にとっていいお客様になるためにも、とても大切だと思います。

名刺をもらったら名前は覚えておく

一流店では、大将やソムリエ、支配人の方々が名刺をくださることがあります。一度名刺をいただいたら、お名前は覚えておくといいでしょう。名刺をいただけたということとは、お店側からすればあなたはまた来ていただきたいお客様だったということ。ただもらっただけ、で終わらせるのはもったいないことです。

お店の人というと身構えてしまいがちですが、どんな立場であってもみんな感情のある「人」です。お店側があなたのことを覚えていてくれたら嬉しいのと同じく、お店の方も名前を覚えていてくれたら嬉しいものです。前回来店したときのお話などコミュニケーションもとりやすいですし、ワインの好みなども伝えやすいでしょう。**お名前を覚えておくというのは、お互いに大切なお客様であり、大切なお店ですという意思表示にもなるのです。**

✦服装はワンランク上のものをチョイス

格式の高いお店に行くときに、「気合いを入れて来たと思われたくない」「なんとなく気恥ずかしい」「こんなところくらい慣れてるというふうに装いたい」などと、わざとカジュアルダウンさせたりギリギリOKな格好をしようとする人がいますが、全くの逆効果です。

たとえば、デートのときに「どこのお店もギリギリOKかな…?」というカジュアルな格好をしてくる人と、美容院に行ってヘアセットをし、キレイな格好をしてくる人。どちらから「デートを楽しみにしてきた」「あなたと会えるのが嬉しい」ということが伝わりますか?　お店も同じです。

服装やヘアメイクは、もっともわかりやすい「相手への思いやり」であり、自分の在り方の体現でもあります。**お店へのリスペクトや相手に楽しみな気持ちが伝わるよう、普段よりワンランク上の装いをしていきましょう。**

特に、初めてのお店を訪問する際にはきちんとした格好をするのがマナー。ドレスコードの指定がなくてもきちんとした装いで行くと喜ばれますし、大切に扱ってもらえますよ。何より、自分が楽しいですよね。

格式の高いお店にそぐわない装い

・もこもこのセーターや分厚いタイツ

結婚式場などをイメージしていただくとわかりやすいですが、格式高い場所は空調もしっかりしているため冬場であっても薄着で過ごせます。いかにも「防寒」という格好はカジュアルになってしまうので避けましょう。

・ロングブーツ、ヒールのないぺたんこ靴、ミュール

靴は、5cm以上のヒールのあるパンプスが望ましいでしょう。サンダルなどはファッションとして許容されることも多いですが、**正式な場ではかかととつま先が覆われた靴を履いていくことをおすすめします。**

・大きすぎるバッグ

格式の高い場所に大きなバッグは相応しくありません。仕事帰りなどで大きめのバッグになってしまう場合は、小さなバッグを忍ばせておき、大きなバッグはクロークに預けて小さなバッグのみで席に着きます。

・アクセサリーなし、薄すぎるメイク

アクセサリーをまったくつけなかったり薄すぎるメイクは、きちんと準備をしてこなかったように見られますので、アクセサリーやメイクも手をぬかないようにしましょう。昼はパールなど、夜は照明の下で輝くより輝きの強い宝石などがよいとされていますので、選ぶときの参考にしてみてください。

洋服はアイロンをかけておく

洋服自体は素敵でも、アイロンを怠ってシワシワだったら台無しです。どんなにキレイな方でも「だらしない人」という印象を与えてしまいます。

また、洋服で気をつけておきたいのがシミ抜き。気づかないうちについてしまったシミが、人からは見られていたということもあります。ちょっと面倒でもクリーニングに出しておくか、日ごろから自分でメンテナンスをしておきましょう。**身の回りのものを大切に扱うことが品格につながります。**

靴のメンテナンスも忘れずに

靴は履いてしまえば自分からはあまり見えませんが、エスカレーターに乗ったときや前を歩いているときなど、人からは意外と見られているもの。靴が汚れていたり、ヒールが削れて減っているといい加減な人という印象を与えてしまいます。傷や汚れがついてしまったらすぐに修理に出すのは当然のこと。靴を購入したら、傷がつきにくくなるようにあらかじめつま先やヒールを補強するためのプレメンテナンスに出したり、防水スプレーをかけたりすることも、素敵な靴をいつまでも大切に履いていくための準備として有効です。プロの方にも力を借りながら対応していきましょう。

スマホの画面もメンテナンスを

だらしなく見えるといえば、スマートフォンの画面が傷ついたり割れている人もそうです。また、指紋で曇ってベタベタなのも上品とは言いがたいでしょう。お店の人に写真を撮ってくださいとスマートフォンを渡したり、撮ってもらった写真を人に見せたりすることもあるはずです。

人に見られて恥ずかしいような状態はNG。画面はこまめに拭き、割れてしまったら早めに修理に出しましょう。

◆香りやアクセサリーに配慮する

格式の高い店に限らず、食事に行くときは香りに注意しましょう。特に、和食やお鮨を食べに行くときは細心の注意を払ってください。和食は非常に繊細な香りを楽しむ料理でもあるため、香水のほか香りの強い柔軟剤やボディクリーム、ハンドクリームなどは控えるか最小限にとどめるようにします。

結婚相談所を運営している方から聞いたのですが、ある経営者の男性が女性を行きつけの鮨店にデートに誘ったところ、当日来た女性の香水の香りがきつく「連れていけない」と判断して女性に帰ってもらったのだとか。場にそぐわない香りは、お店や周りのお客様に迷惑なだけでなく、同行者の顔も潰します。

また、「和は引き算の美学」と言われます。和食の場合は直接器を持ち上げるため、器を傷つけそうな大ぶりな指輪などは避け、アクセサリーも多少小ぶりなものを選びましょう。西洋料理のときにはお洋服やアクセサリーも華やかに、など使い分けられると粋ですね。

立食パーティーの前に軽く食事を済ませる

立食パーティーの目的は交流であり、しっかり食事をする場ではありません。勉強会の後そのまま休憩なくパーティー、というような場合は致し方ありませんが、交流の時間を確保するためにもできるだけ腹ペコ状態でパーティーに参加するのはやめましょう。可能であれば、軽く食事をしておくと余裕をもってふるまえるでしょう。

たとえば、ビジネス交流会や婚活のためのパーティーで、一人お皿に山盛りに料理をのせ、ずっと食べているようでは滑稽です。そういうところも含めて人から見られているということをお忘れなく。

入店前に口紅は押さえておく

2章でもお伝えした通り、グラスに口紅をつけるのは恥ずかしいことですが、お店に入ってからお手洗いに立つのも失礼です。一旦入店してしまうと口紅を押さえる機会がなくなってしまうので、**レストランに入る前に口紅を軽くティッシュや懐紙などで押さえておきましょう。**このひと手間ができるかどうかが、品格の分かれどころなのです。

懐紙をいつも持ち歩く

70～71ページでは食事の際の懐紙の上手な使い方をお伝えしましたが、懐紙は、それ以外にもさまざまな役割を担ってくれます。たとえば、飲み物をこぼしてしまったときにティッシュとしてテーブルを拭いたり、汗をかいたときにハンカチとして使うこともできます。ティッシュとハンカチ両方の役割をしてくれるので、懐紙さえあれば荷物も減ります。小さいバッグを持ちたいときにも、懐紙は薄くて軽いのでとても便利ですよ。

洋服のときには使えないと思っている方も多いのですが、和装・洋装は関係ありません。私も常に懐紙は持ち歩いています。

お菓子をいただいたときに敷き紙にするととてもおしゃれ。ほかにも、口紅や皮脂を押さえたり、コースター、メモ帳、ポチ袋、マスクケースなど、使い道は無限大です。柄も豊富にありますし、ネットショップでも気軽に購入できます。自分なりの使い方を工夫しても楽しいかもしれませんね。

懐紙の便利な使い方

ポチ袋

敷き紙

コースター

メモ帳・便箋

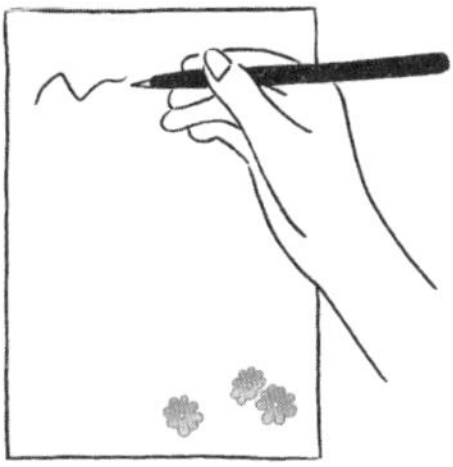

マスクケース

ティッシュ代わり

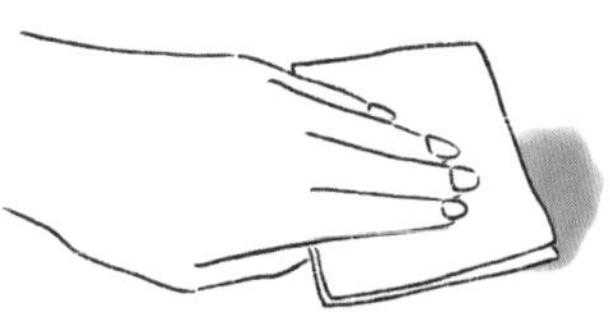

✦個人宅を訪問するときのマナー

個人宅を訪問するときは、要件や所要時間、人数を伝え、お相手の都合を優先して訪問日時を決めましょう。食事の時間帯は避け、車で伺うなら駐車スペースの有無も確認しておくと安心です。**当日は、約束の時間ぴったりか5分ほど遅れていきます。**日本の場合はチャイムを鳴らす前にコートを脱ぎ、身だしなみを整えます。雨の場合は事前にタオルなどで水滴を払っておきましょう。

①靴下やストッキングをはいていく

和食店と同様に個人宅を訪問するときも素足はマナー違反です。**あらかじめ靴下やストッキングをはいていきましょう。**靴を脱ぐことがわかっているので、着脱しやすい靴を選んでいくとスマートにふるまえます。ストラップのある靴やロングブーツなどは着脱に時間がかかって焦るので、できれば避けたほうがいいですね。

②手土産は近くで買わない

どんなに気心の知れた仲でも、個人宅を訪問するときには手土産を持参しましょう。ただし、お相手の家の近くで買ってしまうと「今日来るついでに買ってきた」という印象を与えかねません。

手土産こそ準備が必要。「今日伺うのを楽しみにしてきた」「喜んでほしい」という気持ちが伝わるよう、お相手の好みを考えながらあらかじめ用意しておきましょう。

③手土産の選び方

「今度、結婚のご挨拶があるのですが、おすすめの手土産は何ですか？」というご質問をよくいただきます。当たり前ですが、万人に受ける、というものはありません。まずは、とにもかくにもお相手に「ご両親の好きな物はなに？」「どんな物がNG？」とちゃんと聞きましょう。

甘い物が好きなのか、普段の食生活はどんなものか、こだわりはあるのか、お酒は飲むのか、コーヒーやお茶のほうがいいのか。新しい物好き？　定番のほうが安心？　祖父母と同居している？

それは、身近な人に聞かなければわかりません。私たちはエスパーではないのだから、確認できるところは徹底的に確認しましょう。そのうえで絞っていけば大きな失敗はないはずです。

また、「何が何でもドンピシャなものを渡したい」と意気込みすぎて、わけがわからなくなってしまっている方もよくお見かけします。手土産選びが辛くなってしまってはいけません。ある程度の好みを絞り込めれば、あとはあなたの気持ちが大事なのです。

心をこめて選び、その気持ちを伝えることができれば手土産の役割は完了。

１００％相手の好みを当てられることはない、くらいの楽な気持ちで、楽しみながら選びましょう。

④ 贈り物のＮＧを知っておくのも品格

結婚祝いや新居祝いなど贈り物を持参する際に気をつけなくてはいけないのが、**贈り物として不適切なものがあるということ。**この知識がなければ、自分が心をこめて贈っても相手に違和感や不快感を与えてしまう可能性もあります。贈ってはいけないということではなく、その知識があったうえで選ぶことが大切です。

ここでは日本でNGな贈り物をご紹介しますが、海外にも独自の文化があるので海外の方への贈り物は調べておくと安心です。

気をつけたい贈り物の例

キャンドル

火（＝火事）を連想させるため新居祝いや開店祝いにはNG

櫛

「苦」や「死」を連想させる

ハンカチ

「手巾（手切れ）」ともいうことから別れを連想させる。特に白いハンカチは遺体の顔にかけるイメージがあるため贈る相手に注意

包丁やはさみ

包丁は「人生を切り開く」などプラスの意味もあるといわれるが、刃物は「（縁が）切れる」などの意味も持つため避けたほうがベター

菊の花

お悔やみに用いられる花であるため、慶事の際には不適切

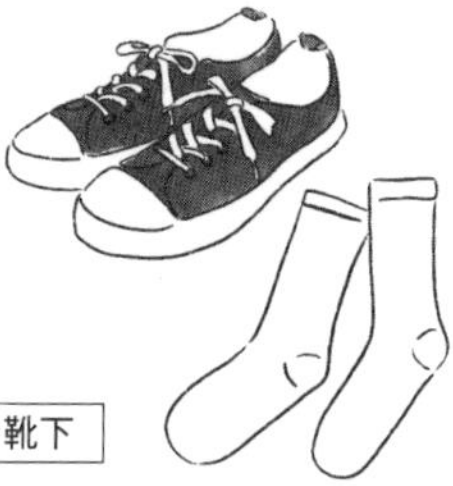

靴や靴下

「踏みつける」を連想させるため、目上の方にはNG

お客様を迎えるときのマナー

お客様に気持ちよく過ごしていただくためには、事前準備が重要です。

片付けや掃除は余裕をもって行いましょう。玄関にはスリッパを用意します。雨の日は玄関先で濡れた服やバッグを拭いていただけるよう、タオルを準備しておくと親切ですね。

トイレや洗面所には新しいタオル・ペーパータオルを出しておきます。トイレットペーパーの残量にも気をつけましょう。

お客様に過ごしていただく部屋は、室温が適温になるよう、事前に調整しておきます。香りやお花などにこだわってもより丁寧にお客様をお迎えすることができますので、当日慌てないように計画していきましょう。

飲み物は緑茶が無難と言われていますが、お客様に選んでいただけるようコーヒーや紅茶など何種類か準備しておきます。温かいものと冷たいものが両方あるのが望ましく、お子さんがいらっしゃる場合はジュースも用意しましょう。お菓子も状況に応じて準備しておきます。お盆や湯飲み、ティーカップなども、お客様が来られてからバタつくことがないよう出しやすい場所に置いておくことが大切です。

お客様が来られ、チャイムが鳴ったらお待たせしないようすぐにドアを開けます。玄関先での挨拶が済んだらスリッパをおすすめし、すぐに中に上がっていただきましょう。お客様のコートは玄関先で預かり、ハンガーにかけます。

お部屋にご案内したら上座を勧めます。頃合いを見計らって、お客様の靴を中央に置き直しておくのも忘れないようにしましょう。

✦ いつも新札や金封を準備しておく

3章の冒頭でもお伝えした通り、常に新札が用意できている方は印象に残ります。**基本的に、お金を渡すことがあらかじめわかっている場合は新札で渡すのが丁寧。**特に目上の方に渡すときは新札がよいでしょう。新札はすぐには手に入らないことも多いので、普段から銀行などに行って準備しておくことが大切です。

習い事のお月謝なども基本は新札です。特に、習い事などは人のお月謝袋を見ることはないので気づきにくいのですが、ある日「自分以外の全員が新札で払っている」と知って赤面した、というお話も聞きます。

お渡しする際にも、裸のままお金をお渡ししたり茶封筒に入れるというのは失礼です。白い正式な金封のほか、可愛い金封も日ごろから準備しておくと安心です。同じ金額のお金を渡すのであれば、やはりいい印象を残せたほうがお得ですよね。

◆はがきや便箋を準備しておくと便利

メールやSNSでほとんど済ませられる時代だからこそ、自筆のご挨拶やお礼の文章は価値が上がっています。文字の上手い下手ではなく、心をこめて書いたものは印象に残りますので、お礼やお祝いを伝えたいときなどはぜひ自筆に挑戦したいものです。

私も、季節ごとの絵柄のはがきや一筆箋を常にひと通り準備しています。子どもたちにも、おじいちゃんおばあちゃんからプレゼントを送ってもらったときなどは一緒にはがきの絵柄を選び、お礼状を書くように促しています。**気負わずにさらっと書く習慣が、上品な心を育てるのだと思います。**

手紙は、改まった場面やビジネスシーンでは白無地の便箋がもっとも正式です。また、封書がもっとも格式が高く、はがきや一筆箋は略式となります。一筆箋は物品などに添えるものなので改まった場合には使用しませんが、親しい間柄の方にひと言お礼を伝えたいときなどには便利です。はがきも気軽に書けて便利なため、お礼など早く出すことを重視する場合にはいいですね。

手紙を書くときの筆記具は筆や万年筆、高級ボールペンなどで、フォーマルな手紙でしたら色は黒かブルーブラックが正式です。フェルトペンや安価なボールペン、消せるボールペン、鉛筆などは改まった手紙には向きません。

また、手紙を書くうえで以下のことはNGとされているため気をつけましょう。

- **「私」や「主人」など自分に近い存在を行頭に持ってくること**
- **相手や相手に近い人の名前を行末にすること**
- **「は」「が」などの助詞を行頭にすること**

・人名、地名、数字、熟語を二行にまたがって書くこと

堅苦しく古いマナーなのですが、目上の方にお礼状を書くこともあるかと思いますので頭の隅に入れておいてください。ＮＧがあることを知ったうえで書くことで、より丁寧で読みやすい手紙になるはずです。

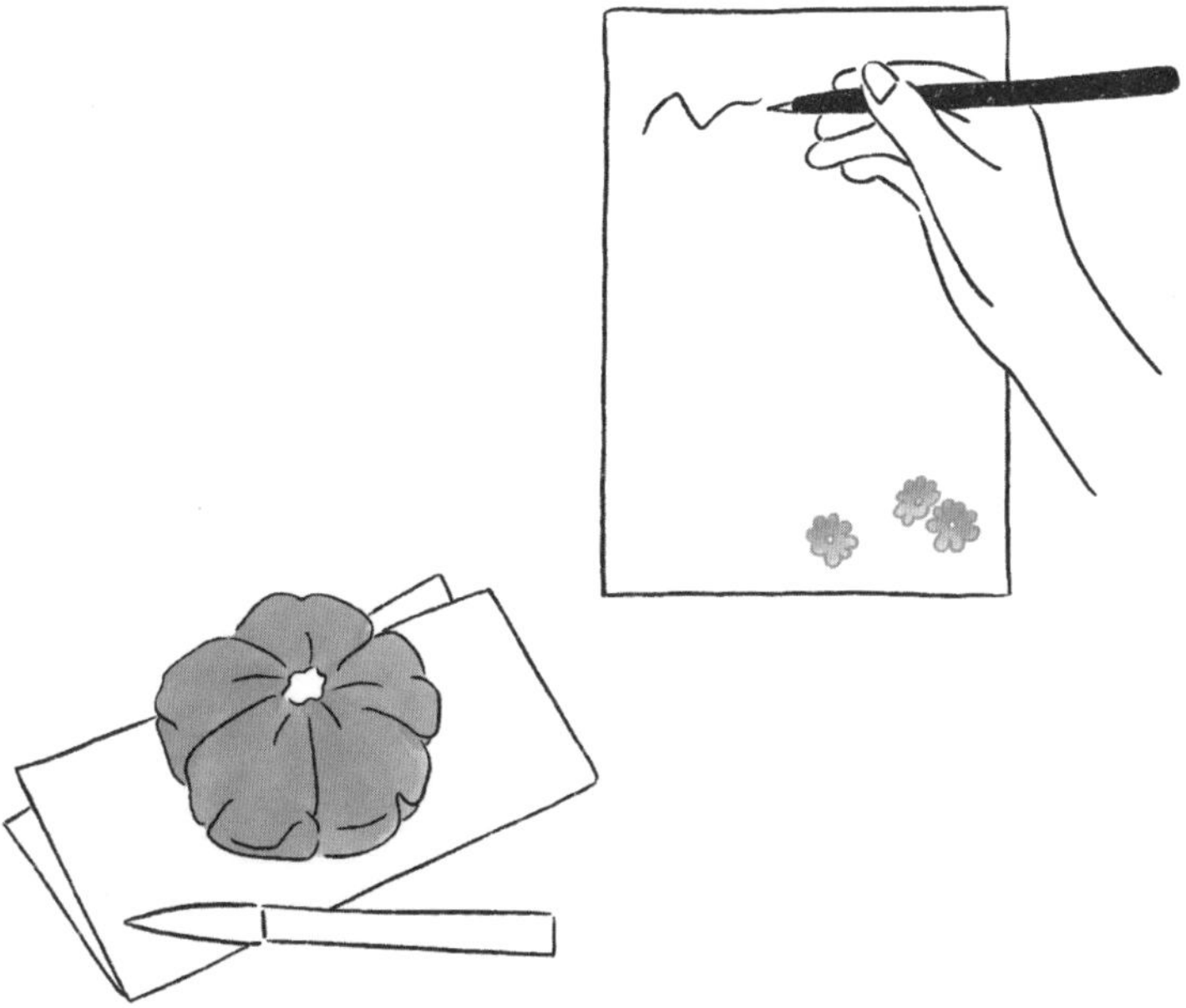

4章

受け取る

日本人は、「受け取る」ことがとにかく苦手。
でも、相手が与えてくれたものを拒否するのは
失礼ですし、遠慮という名の“自分下げ”をすることで
自己肯定感も下がってしまいます。
難しく考えすぎず、まずは受け取ってみる。
これだけのことで、相手も自分も
豊かな時間を過ごせるようになりますよ。

これだけ
やってみて

お相手からの気持ちを素直に受け取る意識をもとう

いろいろな方とお話させてもらったり、講座生のみなさまを見ていると、大切に扱われたり上質なサービスを堂々と受けることが本当に苦手なんだなと感じます。

「細々と動けて気が利いたり、人に何かをしてあげたり、尽くすのが存在意義なのだ」思い込んでいる方が多く、逆に誰かが手を差し伸べてくれても**「迷惑をかけてしまう」「申し訳ない」「自分でできます」となかなか受け取ろうとしません。**遠慮が習慣になってしまっているのです。

また、自分に自信がないと、無意識に「自分なんかはこんなにいいサービスを受け取る価値がない」という反応が起こり、受け取る器がとても浅くなったり、それ以前に相手の親切やサービスに気づかずスルーするということが起こってしまいます。

受け取る器が浅く小さい人は、品格のある女性とは言えません。しっかりと受け取るからこそ、そのエネルギーを大きく周りに循環していけるのです。

私のマナー講座の大きなコンセプトの一つは「受け取りの器を広げる」です。一流のお店に私がアテンドさせていただくことで、「自分はこんなにも大切にしてもらっていいんだ」と枠が外れたり、受け取ることを許可できるように変化していきます。

また、一流のこだわりやサービスの深さを知ることで表面的でない豊かな時間を楽しんだりできるようになります。自分がきちんと受け取ると、相手も喜んで幸せの輪が広がるのだということも体感できるため、ますますいい循環が広がっていくのです。

受け取る器が変わると周囲も変わる

「マナーを学ぶことで受け取り方がわかった」という講座生のお一人は、お店でのサービスの変化に驚いたといいます。今までそんなにサービスのレベルが高いお店だと思っていなかったのに、マナーをきちんと学んでから行ったところ、椅子を引いてくれたり、コートの着脱を手伝ってくれたのだとか。

お店の方に「サービスを受け取る力がある方だ」「我々のサービスを喜んでくれる方だ」ということが伝わったのですね。彼女は**「自分が変わるとサービスも変わるんだ」と、改めてマナーの大切さを実感**したそうです。

この在り方は、日常の恋愛や仕事にも当然影響します。講座生のお一人は「今まで、どんなに尽くしても報われない恋愛をしてきましたが、受け取りの器を広げたらとっても大切にしてくれる彼ができました」と報告してくださいました。他の講座生は「何でも自分でやっていましたが、同僚に気持ちよく仕事をお願いできるようになったら、逆に職場の雰囲気が良くなったんです」と報告くださった方もいます。

受け取る器を広げることは一流のお店に行かなければできないことではありません。日常のちょっとした心がけから始めることができます。この章では、あなたの受け取り力、受け取る器を広げるためにぜひ実践していただきたいことをご紹介いたします。

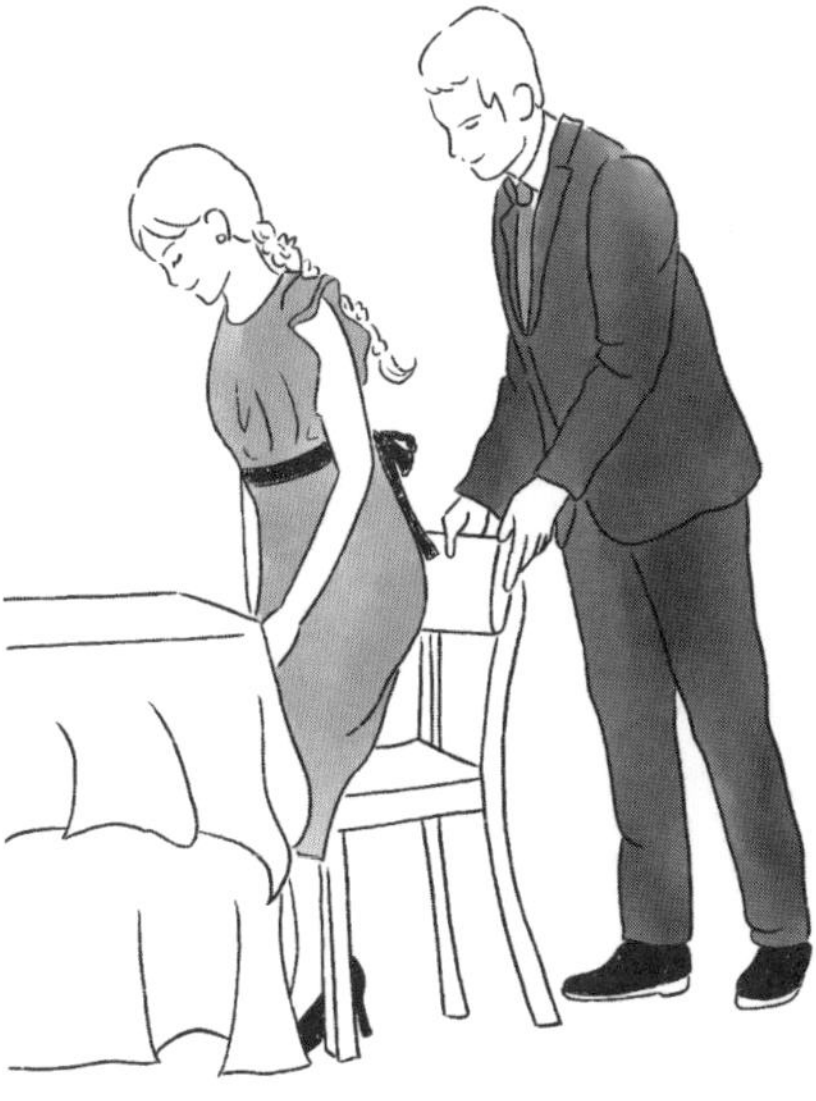

実践LESSON―受け取る―

お店の方とのコミュニケーションを恐れない

よく「こんなお店でよくわからないものが出てきたんですが、どういう食べ方がよかったですか?」という質問をされるのですが、「そういうときはお店の人に聞くといいですよ」とお伝えしています。

お店の方は、心から「お客様に楽しんでもらいたい、料理を美味しく食べてもらいたい」と思ってくださっています。料理は作った人が一番美味しい食べ方を知っているのでその人に聞くのが一番。格式の高いお店ほど、「こんなことも知らないの?」とお客様をバカにするようなことはしません。

むしろ、こだわりを持っているお店や職人さんこそ「これはどうやって食べるのですか?」と聞いてもらったほうが嬉しいはずですし、それをきっかけに会話も弾みます。わからないのにそのままにして、間違った食べ方をしているほうが恥ずかしい思いをするかもしれません。あなたが聞くことで、まわりの人も内心ホッとしていたりするものです。

サービスのベースは「愛」です。**おもてなししたいというお店側の気持ちをまずはきちんと受け取り、自分からも心を開いてコミュニケーションを楽しみましょう。**

また、どんなにマナーを学んでいても、食べ方がわからないものは出てきます。でも、そんなの当たり前。変に恐縮せず、どんどん聞いていきましょう。

サービスを美しく受け取る

講座生からのご感想でよくいただくのは、「マナーを学んでお店との一体感を感じることができるようになった」というものです。実際にマナーを学ぶと、サービスをきちんと受け取る心構えができるためパズルがピタッと合うように動けるようになります。

たとえば、格式の高いお店では次のようなことは自分でせずに、お店の方にお任せしましょう。

・入店、退店時にドアを開けてもらう
・着席するとき、立つときに椅子を引いてもらう
・ワインを注いでもらう
・コートの脱着を手伝ってもらう
・落としたナプキンやカトラリーを拾ってもらう

自分が中途半端な動きをすると、サービスをする側もとまどってしまいます。

せっかく後ろに回ってくださっているのに、「大丈夫です、コートくらいは自分で脱げます」と断ってしまうと、格上のサービスに慣れていませんと自分で言っているようなものですし、誰も得をしません。

サービスを受け取ることは教養であり、品格のある人はきちんと受け取ることができます。

格式の高いお店に限らず、サービスを受けたらきちんと受け取り切りましょう。遠慮するより、笑顔で「ありがとう」と伝えたほうが素敵ですよね。

褒められたら気持ちよく受け取る

4章のはじめに大切に扱われることに慣れていない方が多いと言いましたが、褒められることにも慣れていませんよね。相手の言葉の意味を考えすぎて、素直に受け取れないのでしょうか。お世辞を真に受けていると思われたくないという気持ちもあるかもしれません。

また、褒められたら「そんなことないですよ」と即否定する人や、「それがコンプレックスなんです」と自虐的な切り返しをしてくる人もいます。照れくさくて笑いにしようとしているのかもしれませんが、否定や自虐はあなたの価値を下げるだけ。本人は謙虚なつもりでも、まわりから見れば卑屈な印象になってしまいます。そんな印象は、品格のある人になるためには必要ありません。

褒め言葉は、相手からの言葉のプレゼントです。せっかく贈られたプレゼントを受け取る前に拒否するほうがよっぽど下品。キレイな花束を贈ってくれた相手の目の前で「センスがない」と花束を投げ捨てるようなものです。そう考えると、褒め言葉を受け取らないことはとても失礼なことだと思いませんか？

「表向きは褒めてくれているけれど、本音じゃないかもしれない」「可愛いと言ってもらえたけれど、自分自身は自信がないしそうは思えない」なんて、どうでもいいのです。とにかく、どんな事情があっても褒められたらまず「ありがとう」と受け取りましょう。ありがとうが恥ずかしければ、「恐れ入ります」「おかげさまで」などの言葉も使いやすいかもしれません。

上品な人は、褒め言葉をきちんと受け止めてお礼を言うことができます。その際に、無理にお相手を褒め返したりする必要もありません（もちろん、素敵なら褒め返してくださいね！）。

褒め言葉を堂々と受け取る。これを意識してできるようになると、その風格があなたのオーラになっていきますよ。

「褒め褒めワーク」をやってみよう

私のレッスンでは、講座生のみなさんに「褒め褒めワーク」をしてもらっています。褒められることに慣れるためのワークショップで、グループのみんなで、お一人を一方的に褒め続けてもらいます。

褒められる側は、どんなことでも褒められたら「ありがとうございます！」「嬉しい！」と受け止めます。実際にやってみると、簡単なようで意外と「褒められたら素直に受け止めてお礼を言う」ということすらできない人が多く、自分がどういう反応をしがちなのかもよくわかります。褒められ慣れていない人は、次のような傾向があります。

・「いえいえ」とすぐに否定する

・自虐っぽく切り返す

―「素敵なお洋服ですね」という褒め言葉に対し「ありがとうございます。でもこれ安かったんですよ」などと余計なひと言を付け加える。

―「スタイルいいですね」と言われて「背が高いだけなんです」と返す。

・ちょっと話題をずらす

―「髪型素敵ですね」と褒められたのに「美容師さんが上手で～」とあくまで自分以外の人の手柄のように言ってごまかす。

褒め褒めワークでは、褒める側も褒められる側も体験します。人を褒めるというと気負う人が多いですが、実践してみると実は「気づいた素敵なところをただ伝えている」だけだと気づきます。すると、褒めることへの抵抗もなくなりますし、褒められたときに「何か裏があるのでは？」「どうせお世辞じゃないの？」という疑いも晴れたりするのですよね。また、褒められることで「自分にはそういう魅力もあるんだ」という気づきがあり、楽しいものです。

褒める側と褒められる側、どちらも体験することで、自分が今までやりがちだった否定が意外と相手を困らせていることにも気がつきます。せっかく褒めたのに、「いや全然そんなことない」と返されてしまうと、そこで会話が終わってしまうんですよね。

褒めてもらえたときは、もっと素直に！　褒められて喜んでいるあなたを攻撃してくる人なんて周りにいないですから、安心して素直に受け取りましょう。

◆西洋ではレディファーストは教養

4章のはじめにお伝えした通り、西洋ではレディファーストの文化が根付いています。レストランに入るときは男性が当たり前にドアを開けてくれますし、上座にエスコートしてくれます。海外の映画やドラマでそんなシーンをよく見かけますよね。

そもそもレディファーストとは、中世の騎士道精神の名残で、女性に配慮し女性を上位とみなす考えのこと。特に、公共の場や大勢の人が集う社交の場などでは、レディファーストが実践できているかどうかで男性の品格が決まる重要な教養の一つです。

また、女性側もレディファーストを美しくスマートに受け取ることが教養の証であり、ご一緒する男性を立てることにもつながります。

「日本の男性はレディファーストができない」なんてよく言われていますが、レディファーストを受け取れない女性も多いです。せっかく男性がエスコートしてくれたのに、遠慮したり拒否したりしていませんか？　それでは、男性も「またあなたをエスコートしたい」という気持ちが薄れてしまいます。男性がリードしやすいよう、しっかりと立ち居ふるまいを身につけましょう。

恥ずかしいからと男性やお店の方のエスコートを拒否してしまうと、自分を貶めるだけではなく、相手の顔を潰してしまうことにすらなります。何かしてもらったときはスマートに受け取る。そうすることが自分自身を高め、周りへの貢献にもなるということを覚えておいてくださいね。

Column 2

女性の美しさを引き立ててくれる〝着物〟

私は仕事柄、日頃からよく着物を着ています。日本ではもちろん、海外でも着物を楽しんでいます。元々日本の文化が大好きでしたし、家に着物がたくさんあってすぐに着られる環境だったこともありがたいことでした。

着物のいいところは、格式と華とを両方添えられる最強の服装であること。パーティや格式の高いレストランでのお食事はもちろんのこと、ビジネスの勉強会を兼ねたパーティーなどでも、周りのみなさんがスーツの中、場を尊重する格の高さがありつつ華やかで美しい着物は大変喜ばれます。

また、出身国の民族衣装を着ることは国際的にも尊重されます。着物という選択肢があるだけで本当に装いの幅が広がりますし、着物に助けてもらったことは数知れません。

着物を着ていると「わざわざ時間と手間をかけて着てきてくれた」という印象を

持っていただけるので、着ているだけでお相手を大切に思う気持ちも伝わります。周りの方から褒められ、大切に扱っていただけることも嬉しいことです。

不思議なのが、普段洋服やメイクを褒められても「いやいや、私なんて」と素直に受け取れないけれど、着物を褒められると「ありがとうございます」と言える方がとても多いのです。

日本人は恥ずかしがりやなのか褒められることに慣れておらず、つい否定で返してしまう方が多いのですが、着物を着ているときは褒め言葉も受け入れやすいようです。誰かに褒めてもらえるという体験を日常的にしていると、自分に自信がついて余裕のある美しいふるまいができるようになっていきます。

洋服だったら着ないであろう柄や色にチャレンジしやすく、自分の新しい一面に出会うことができるのも着物ならでは。また、動きが制限される分、女性らしさが引き立ちます。

着物は高価だというイメージがありますが、リサイクルショップなどで気軽な値段で揃えてスタートすることも可能です。着付けを覚えたり、着物の種類や組み合わせの正しい知識を押さえておくことは最低限必要ですが、一度着れるようになってしまえば本当に大きなメリットがあるのが着物。

着ているだけでセルフイメージが上がり、周りの方にも喜んでいただけて、品格も自然と身につく。民族衣装を着ることは教養も感じさせますよね。ぜひあなたも着物にチャレンジしてみてはいかがでしょうか。

5章

マナーの本質

ただルールを守り、正しい作法をすることだけが
「マナー」ではありません。
自分や周りの人、物などを大切にして敬う。
豊かな気持ちで毎日を気分よく過ごす。
そのためにマナーがあるのだということを
最後にお伝えしたいと思います。

✦マナーに正解・不正解はない

ここまでさまざまなマナーをお伝えしてきましたが、マナーは単なる「ルール」ではありません。長い時間をかけて醸成されてきた、文化・価値観・美意識の結晶です。マナー一つ一つの奥に、必ず理由があります。

テーブルマナーは一番美しく、一番効率よく、一番美味しく食べるための型ですし、3章の「備える」や4章の「受け取る」でお伝えしてきたことは、他人とうまくコミュニケーションをとり、自分を大切に扱うための指南書のようなもの。ですから、その型をきちんと覚えることは、美しく洗練され、自分の人生を豊かにするために必要なことだと思っています。

でも、その知識に〝固執〟はしないでいただきたいのです。どんなときでも「絶対的な正解」はないと思ってください。たとえば、格式の高いお店では乾杯のときにグラス同士をカチンと当てるのはマナーとしてNGですが、パーティーの主催者がご機嫌で「よく来てくれたわね！　かんぱーい！」とグラスを近づけてきたときに「マナー違反ですから」と拒否するのは、果たしてその場においてふさわしい行為でしょうか?

私は違うと思います。やはりそのときには、主催者の顔を立て、その場を盛り上げるためにもグラスを合わせることが望ましいでしょう。そんなふうに、**マナーは私たちが今はこうふるまったほうがいいだろうと判断するための「指針」であって、絶対的な正解ではないということを知っておいていただきたいのです。**

マナーをどんなに学んでも、実際の場面では臨機応変の連続です。会う人もレストランもお料理も状況も、〝その瞬間〟は人生で二度と同じものはないのだから当たり前のことですよね。

細かいマナーを丸暗記するのではなく、「型」の奥にある本質を知り、どんなときでも自分の頭で正解を出せる力をつけるのだという気持ちでマナーを学んでいただきたいなと思っています。

✦マナー＝上下関係ではない

マナーとは、お相手を思いやる気持ちを表現する手段でもあると思います。その場にいる全員が、心地よく楽しい時間を過ごせるよう、マナーをうまく使えるといいですよね。

ただ、マナーを「自分は下で相手が上」という上下関係を作ることだと思っている人も多くいらっしゃいます。この考え方では、自分自身は窮屈ですし、お相手も気を使われることに疲れてしまいます。当然、いいお付き合いをすることはできません。

私の講座にも「昔マナーを習っていたけれど、辛いだけだった」「テクニックは覚えたけれど、自分のことが好きになれなかった」という方がいらっしゃいます。そういう方は大体「自分を下げたり、自分が我慢したりして、相手を敬う」というマインドのことをマナーだと思ってしまっているのです。その考えでは、どんどん人付き合いが嫌になっていってしまいます。

もちろん、レディファーストや席次をはじめとした「誰を上位とみなすか」という考え方は、マナーにおいては大変重要です。しかし、それは自分が我慢をしたり、逆に相手に対して高圧的になったりすることではありません。

お互いに相手を尊重していることが大前提であり、その場のコミュニケーションやふるまいを円滑にするために決められている順序なのです。

日本人は、自分を卑下したり、謙遜する精神が根付いてしまっていますよね。そのほうが人付き合いが円滑になると思っているのでしょう。でも、本来人付き合いとは対等であるべきです。

私が考えるマナーは、「私も素敵、あなたも素敵」というマインド。周囲への思いやりを持ち、お互いを敬い、自分も満たされることが大切だと思っています。

✦人のマナーを指摘しない

マナーを学んでいくと、まわりの人のふるまいが気になることもあるかと思います。新しい知識を得たら教えたくなる気持ちはわかりますが、**知識をひけらかしたり、人のマナーを指摘したりしてはいけません。**

もし一緒に食事をしている仲間の中にマナーを知らない人がいたとして、「こういうふるまいをすると美しく見えないんだな」と分析するのはいいですが、「あなた、お箸の使い方が間違っているから直したほうがいいですよ」なんて指摘するのはもってのほか。人の食べ方を評価したり、ましてや直そうとするなんておこがましいことです。指摘された方も、恥ずかしくてそのあとの食事が楽しめなくなってしまうかもしれません。

食べ方やマナーは、その人の育ちや生き方、在り方を映し出す鏡です。そこに、頼まれてもいないのに土足で上がり込むことは禁止。どちらもいい気持ちはしませんよね。

私も、マナー講師として講座生のみなさまにマナーを教えているとき以外に、人の食べ方を指摘することはありません。テレビなどのメディアでマナー講師の方がタレントさんたちに指摘しているのも、お仕事だからです。

そもそも、マナーをお伝えしていて感じるのは、中途半端な知識を持っている方ほど人のことが気になったり、指摘しようとすること。講座生のみなさまも、「マナーを学ぶ前は周りにいる汚い食べ方の人が気になっていたが、マナーをきちんと学ぶと逆に自分のふるまいに集中するようになって、人のことは気にならなくなった」と言います。私も同様に感じます。

人のことを指摘したいと思うのは、「品格のある女性」としての在り方が足りない証拠。そんな暇があったら自分を磨きましょう。何も言わなくても、「あなたの食べ方がキレイだから教えてほしい！」と人から言われるくらいを目指したいものですね。

世界で一番大切なのは自分の感情

マナーは「守らなくてはいけないこと」であり、「我慢すること」だと思っている人が多いですが、これは間違いです。もちろんまわりの方への思いやりは大事ですし、どんなときも美しくふるまえるといいですが、無理はせず自分を大切にすることが一番大切なのは言うまでもありません。

たとえば、和食では持てる器はすべて持ちましょう、と言うと「熱すぎる器も持つのですか？」という質問が来ることがあります。当たり前ですが、持たなくていいに決まっています。さすがに「火傷するかもしれませんが、根性で持ちましょう」とは誰も言いません。

また、「食事の途中で気分が悪くなってしまっても、最後まで食べきらないとマナー違反でしょうか」なんていう質問も。元気であればキレイに食べきったほうがいいですが、体調が悪いのに我慢して食べる必要はありません。

冷静になって考えればわかると思うのですが、学べば学ぶほどマナーに捉われすぎてしまう人がいます。学ぶことは大切ですが、何のためにマナーがあるのかを考えてみてください。どんな状況であっても必ずルールを守ることがマナーではありません。自分が幸せになって、その幸せを周りに循環させるためにマナーは存在します。

もし、自分が自分を大切に扱えないと思ったら、それが世間一般で言われているマナーであっても実行しなくてよいのです。感情から出るエネルギーをあなどってはいけません。自分をないがしろにしたり、大切にしていない状態で周りへの思いやりなどあり得ないはずです。

自分を大切にすることを絶対に忘れないでいただきたいですし、それを頭に入れたうえでマナーを学んでほしいと思います。人に正解を求める人生はやめましょう。自分でいろいろなことを判断できる力をつけるためにマナーは存在します。

それを知っていれば、マナーはあなたの強い強い味方になって、あなたを幸せに導いてくれますよ。

一流のものや芸術品に触れる

どんなに忙しくても、感性を磨くための努力を怠ってはいけません。私も意識してその時間をとるようにしていますし、海外旅行も含めて「体験」することをとても大切に考えています。

先日もパリやロンドンに旅行に行き、ミシュランの星付きレストランの世界観やサービスの奥深さに感銘を受け、限定された階級の方しか入れないジェントルマンズクラブでのアフタヌーンティーに心躍る……といった体験をしてきました。

海外に行かないときにも、歌舞伎を見に行ったり美術館に行ったり、茶道を習ったりして、常に感性を刺激するようなところに出かけさまざまな経験をしています。

品格のある人は、感性が豊かで教養があります。その感性を磨くためには、一流のものや芸術品に触れることが大事だと常々思っています。お店にしろ美術品にしろ、昔から「良い」と言われているものは、長い歴史や多くの人の目に触れてもなお生き続けるもの。つまり、人の心を動かすことができるものです。そうした「良い」ものに少しでも多く触れることが、あなたの感性を育てます。

レストランやホテル、美術館、さまざまな建築物など、一流の場所を訪れることも、一流の音楽や文章に触れることも、美意識を磨くためにはとても大切。今の世の中には安くてそれなりにいいものもありますが、やはり一流を知らなければ本質を見極める力はつきませんし、教養の深さは人としての信頼を厚くし、新しい出会いやチャンスを摑むきっかけとなります。

一流の裏側に興味を持って学び、尊重すること。そういう体験やマインドが、自分の器を広げていくことにつながっていくのです。

季節の行事を大事にする

日本には、季節の行事がたくさんあります。冬にはお正月や節分、春にはひな祭りや端午の節句、夏には七夕やお盆、秋には十五夜など、一年を通して季節の行事がない月はありません。

このようにさまざまな行事があるのも、日本に四季があるから。諸外国にも四季のある国はありますが、私たち日本人ほど四季を感じて生活している国は少ないと思います。

わらびが出てきたら「もう春なんだな」とか、鮎を見たら「夏らしいな」と感じる。このような感性は、決して当たり前のものではありません。

外国人の方が会席料理を召し上がっても、私たちほど細やかに四季を感じるのは難しいでしょう。会席料理のお店に行くと、同じ月の中でも微妙にメニューが入れ替わっていることも多くあります。いかに四季の移ろいや年中行事を敏感にお料理や器に反映しているのかを考えると、本当に奥深さを感じます。和菓子も、見ただけで季節感を感じることができます。

季節感は、日本人の美意識や教養のベースになっています。 季節をグラデーションで捉えることができるのは私たち日本人の特別な感性で、とても素晴らしいものだという自覚を持ち、もっと大切にしてみてください。

定期的に和菓子を買いに行くだけでも、季節感は養われます。**できれば、それぞれの行事の歴史や背景も少し知っておくと教養が深まりますし、日本人としてのアイデンティティも育つでしょう。**

忙しい日常を送っているからこそ、「年中行事」は意識的に季節を感じ、少し立ち止まれるよい指標となってくれるはずです。

どんなときも物事をプラスに捉える

「落ち込むことはないんですか?」「嫌なことがあったときにはどのように対処していますか?」といったご質問を受けることがあります。傷ついたり落ち込んだりすることはそれなりにありますが、すぐに立ち直るのでそれほど引きずらないほうだと自分では思っています。これも、元々こうだったわけではなく、周りにいらっしゃる尊敬できる方たちから教えていただいた在り方でもあります。

・落ち込んでいる暇があったら次の手を打つ、再発防止策を練る、謝る。どうしようもないときは、いったん寝る

・ノートに感情や状況を書き出して俯瞰してみる

・この経験をどう活かせるのか想像してみる

素敵だなと思う方たちは、何かトラブルが起こっても「じゃあ、どうする?」と軽やかに考えていらっしゃいます。私も、トラブルは成長への伸びしろだと考えられるようになってきました。これは、決して感情を押し込めることではありません。傷ついた、辛い、悲しい。そんな自分の感情は大切にしてあげてください。そのうえで、打つ手は無限にあるということです。

私のマナーの師匠からも、在り方についてはたくさん学びました。以前、一緒にいるときにコーヒーをこぼしてしまったことがありました。私は「ぎゃー！」と慌ててるだけだったのですが、師匠は「貴美子ちゃんにかからなくてよかった！」と瞬間的に声をかけてくださったのです。そのとき、「さすが師匠、見ている視点が違う！」とますます尊敬しました。

また、私が仕事がうまくいかなくて落ち込んでいるときも「こういうときこそ、生活を支えてくれているご主人に感謝の気持ちを持てるわよね」と声をかけてくださいました。**同じ物事を見たときに、短所にしか見えないものを長所として見る。物事の見方を変える。**こういう考え方のできる人が品性のある人なんだなと心に染みたエピソードです。

いいことも悪いことも、すべては学びで成長です。トラブルが起きたときに、「経験値が増えたな」「これを乗り越えられたらどんな景色が見えるかな」とプラスに捉えられるといいですよね。

✦自分のことを貶めない

謙遜は美徳といいますが、過剰な謙遜は自分にもまわりの方にも迷惑行為となる場合があります。

自分に自信のない方は、自分のことを守るために先に自分を卑下するような発言をする傾向があります。ただ、聞いているほうは「そんなことないですよ」とフォローしなければならず、正直面倒であることもしばしば。

自分を否定することで相手を持ち上げたいという考えもあるかもしれませんが、まったく必要ありません。ネガティブな言葉は自分も周りの方も疲れさせてしまうので、そこからいい循環を生むのは難しいものです。

自分を卑下する言葉を日常的に使ってしまっている人は、口に出す前にグッと我慢する努力をしてみましょう。他の誰でもない自分自身を傷つけ続ける人が、品格のある人にはなりえません。

自虐で笑いをとろうとするのも同じです。あなたが思っているよりも、自虐は面白くありませんし、必要でない場合がほとんどです。人よりも秀でているものを卑下する言葉は、自分の努力や才能を自分で否定しているだけではなく、周りの人にとってはただの嫌味になってしまいます。

それよりも、自分がしてきた努力や才能を堂々と認め、逆に人の長所や才能も尊重する言葉がけをしていきましょう。4章でもお伝えした通り、褒め言葉は素直に受け止めてくださいね。豊かな人間関係は、まず自分を満たしてから実現します。

今の時代は、贈り物をするときにも「つまらないものですが」「御口汚しですが」などの謙遜の言葉はふさわしくないといわれています。それよりも、あなたがどれだけ相手のことを思って選んだのか、この手土産にどんなストーリーがあるかなどを心をこめて言葉で添えるほうがお相手にとっても、自分にとっても、その手土産にとっても幸せというもの。

常にプラスの言葉がけをして、まわりに愛を循環させていくことが品性のある方の「在り方」です。

一歩先を考える

何事も後回しにしがちな人やマイペースすぎる人は、お相手の時間を奪ってしまっているおそれがあります。

たとえば、日程調整の返信が遅い人。あなたの返信が遅いせいでいつまでたっても日程が決まらず、他の方がモヤモヤしているかもしれません。**お待たせしているということは、お相手の時間や思考を奪っているということですので気をつけましょう。**

お誘いを受けたら、できるだけ早く返信をしましょう。都合のいい日を伝えるとともに、お誘いいただいたことへの感謝の気持ちをひと言添えられるといいですね。もし予定が合わずにお断りする場合でも、相手の立場に立った言葉がけがあると気遣いのある方だなと感じます。

特に、メールやSNSなど文字だけでお断りの連絡をする場合、そっけない、冷たいと思わせてしまうことがあります。「誘って迷惑だったかしら？」とお相

手を不安にさせないためにも、

「お声がけいただいて大変光栄です」

「とても参加したいのですが、残念です」

「ご盛会をお祈りしています」

などの言葉を添えられるといいかと思います。


また、入金が遅い人も相手を不安にさせていることに気づいていないことが多いですよね。お金に関する話はとてもナイーブなので、入金を待っている側は「いつ振り込んでくれるの？」とは言いづらいものです。

相手を待たせ、催促をさせてしまうような人が、周りから愛され、大切にされることはありません。**忙しいからという自分視点ではなく、待っているお相手のことを考えて早め早めの行動を心がけましょう。**

お礼は三度伝える

一度目はその場で、二度目は次の日に、三度目は後日もう一度会ったとき。「何かしてもらったらお礼は三度伝えなさい」。これは、一代で会社を興し関西の高額納税者まで上り詰めた祖父を支えた、祖母から口酸っぱく言われていたことです。

たとえば、食事をごちそうになったとき、次の日のお礼までは言えても、しばらく時間が空いてお会いしたときに「前回はごちそうになりまして」ともう一度言える人は少ないもの。時間が空けば空くほど忘れてしまうのも無理はありませんが、三度目のお礼を言える方はさすがだなと思います。私も完璧にはまだまだ遠いものの、常に「どなたかにお礼をするのを忘れていないかな?」と思い出すようにしています。

それから、私がとても大切に思うのは「お礼の報告をこまめにする」ことです。

たとえば、Aさんがご縁をつなげてくださったBさんとお仕事をご一緒することや、Aさんが紹介してくださったCさんが私のサービスを購入してくださることがあります。そういうとき、Aさんにも絶対にお礼をお伝えします。これは、とても大切なことです。

紹介した方もいいご縁がつなげたと喜んでくださいますし、自分が紹介する側だったら報告を受けるのも嬉しいものです。人とのご縁というのはお金では買えないものだからこそ、いいご縁ができたときには、常に「つないでくださった方」にも感謝の気持ちを持ち続けることが品格ある人なのではないでしょうか。

ときどき「あの人は忙しそうだから……」と気を遣って連絡をしない方がいますが、それは逆効果です。どんなに忙しくても、嬉しい報告を邪険に扱うことはありません。

「おかげさまで○○になりました」「○○することになりました!」と折に触れてご連絡することで、連絡を受けた方はもっといいご縁をつなごう、もっといろいろ教えてあげよう、という気持ちになり自分も得をします。こうした感謝のエネルギーを循環させていきたいですね。

人が見ていないところこそ大切に

外ではきちんとしているつもりだけれど、部屋はぐちゃぐちゃ、部屋着はボロボロ、メイクも落とさず寝てしまうなんて生活をしていませんか？　家で普段していることは、無意識に外でもやってしまっていることがあります。

たとえば、飛行機でトイレに行くと洗面台は水でびちゃびちゃ、髪の毛も落ちているということがあります。前に入った方は普段からだらしないところがあり、後に使う人のことを考えないのだなと思ってしまいます。

ホテルに泊まったとき、部屋をぐちゃぐちゃにしたままチェックアウトするのも同じこと。もちろん清掃は入りますが、立つ鳥跡を濁さず、の気持ちが大切ですよね。

内から溢れるオーラや自信を身につけたければ、人から見えないところを大切にしましょう。日々の妥協は必ず人に伝わってしまいますし、「自分にはこんなダメなところがある」という気持ちがどこかにあると、いつまでたっても自信はつきません。

・部屋着は可愛く、ときめくものを
・ペディキュアや脱毛を怠らない
・バッグやポーチの中を整える
・下着も妥協せずきちんとサイズの合ったものを身につける

ささいなことかもしれませんが、こうした「誰にも見られないこと」に気を遣うことこそが、自分を大切にしているんだという自信につながっていきます。いつ、誰に、どこを見られても大丈夫な自分を、少しずつでもいいので作り上げていきましょう。

そういう私もちょっと気を抜くと部屋が散らかりますし、まだまだ精進が必要です。それでも毎日一歩ずつ行動し、長い目で見て自分で自分を諦めないことが大事だと思って努力しています。

◆謝るべきときは言い訳せず謝る

人間とは、自分を守りたい生き物です。謝罪の際につい言い訳をしてしまう人がいますが、それでは逆に相手を怒らせてしまいます。自分に非がある場合は、**どんな理由があってもまず謝ることに専念しましょう。**

もし理由があるのであれば、相手にきちんと誠意が伝わってからです。お相手にどんな影響があるのかまできちんと想像していれば、自分の言い訳に必死になることもないでしょう。たとえば、

・約束の時間に遅れてしまった…お忙しい中、貴重なお時間を使わせてしまう、心配をかけてしまう

・直前のキャンセル…時間とお金を使って準備したものを無駄にしてしまう

など、相手の立場になれば自然と謝罪の言葉が出るはずです。言い訳をすればするほど、謝罪の気持ちも伝わりにくいですし、あなたの信用も落ちてしまいます。素直に謝罪したほうが、その後も円滑なお付き合いができるでしょう。

◆磨けば磨くほど磨き残しが見えてくる

私はこれまで、マナーをはじめ心理学やパートナーシップ、子育て、美容、健康などさまざまな分野を学んできました。どの分野も、学んでも学んでも終わりはありません。今でも毎日が勉強だと思っています。

以前は「こんなに頑張ったのにまだ足りない?」と疲れてしまったこともありました。そんなときに、マナーの師匠から言われた言葉は今でも忘れません。

「磨けば磨くほど、磨き残しが見えるものよ」

足りないものが新たに見えてくるのは自分のステージが上がった証拠。今思うと、これだけ学んだのだから私はもう完璧! と思い込み、伸びしろが見えないことのほうが怖いですよね。

洗練や美しさ、教養に終わりはありません。「ここまでやれば、もうOK」と限界を決めてしまったら、成長は終わってしまいます。一生考え続けて、磨き続けることでさらに品格のある美しい女性になれるはずです。

おわりに

本書をお読みいただきありがとうございました。

一般的なマナーのイメージといえば、「堅苦しい」「不自由」「面倒くさい」……。本書ではそんなマイナスイメージを少しでも払拭し、今すぐやってみたい！ と思っていただけることを目指しました。

私のマナー講座には全国から受講生の方が来てくださいますが、みなさんの変化は私も驚くほどで、毎回私のほうが感動をいただいています。

「本当の自分を取り戻した気持ちです」「自分のことが好きになれました」「周りが優しい人ばかりになりました」。こんな変化が、マナーを学び、日々実践するだけで叶っていくのです。

私自身も、自分に自信がなく無価値感を覚えていた日々の中でマナーに出会い、心の持ち方を変えていくことができました。豊かで美しい世界を、誰にも遠慮することなく思いっきり受け取れるようになり、毎日の幸福度が上がりました。

マナーは長い歴史の中で磨かれ、たくさんの人たちを美しく豊かにしてきたからこそ今も残っています。このすばらしいツールを、正しい「在り方」で使いこなすことによって、あなたの未来は大きく開いていくことでしょう。

この本を世に出すにあたり多くの方からお力添えをいただきました。まずはKADOKAWAの竹内さん、編集協力の川村さん。読者の方に少しでも私の想いが伝わるようさまざまなアドバイスをいただきました。また、SNSフォロワーの皆様、私を応援してくださるすべての方にお礼と感謝の気持ちでいっぱいです。いつも私を見守り支えてくれる夫と子どもたちも、本当にありがとう。

そして、何といってもLe・i美人塾の講座生のみなさま。それぞれが人生を切り拓き輝いていく姿を目の当たりにすることで、私も確信を持ってマナーを伝え続けることができ、この本を世に送り出すことができました。本当にありがとうございます。自分を大切にし、周りに愛を循環させるマナーの力は底知れません。何度も読み返し、ぜひお役立ていただきたいと願っています。

2023年8月　末永貴美子

Profile

末永貴美子

日本庭園を有する800坪の屋敷で、実業家の祖父と茶道家の祖母の影響を受けて育つ。日本の文化や文学に興味を持ち、着物についても深く学ぶ。一般企業に勤めたのち、心理学やパートナーシップ、美容などさまざまな分野を学び、多くの人と出会う中で内側からにじみ出る品格、美しさを一生かけて追求したいと考えるようになり、品格ある女性になるためのマナースクール「Lei美人塾」を立ち上げる。テーブルマナーを中心に発信するInstagramやLINEセミナーも人気。
Instagram…@kimiko.suenaga

ふだんのふるまい帖《ちょう》

ふつうに生《い》きているだけで、一目置《いちもくお》かれるひとになる

2023年9月4日　初版発行

著　者　末永《すえなが》 貴美子《きみこ》
発行者　山下 直久
発　行　株式会社 KADOKAWA
〒102-8177　東京都千代田区富士見2-13-3
電話0570-002-301（ナビダイヤル）
印刷所　大日本印刷株式会社
製本所　大日本印刷株式会社

●お問い合わせ
https://www.kadokawa.co.jp/（「お問い合わせ」へお進みください）
※内容によっては、お答えできない場合があります。
※サポートは日本国内のみとさせていただきます。
※ Japanese text only

定価はカバーに表示してあります。

ISBN 978-4-04-606491-2　C0077